チームで支える 高次脳機能障害のある人の地域生活

生活版ジョブコーチ手法を活用する自立支援

蒲澤秀洋・監修
阿部順子・編著

中央法規

はじめに

　高次脳機能障害が公に「障害」と認定され、障害者総合支援法のもとで福祉的なサービスを受けられるようになって今年で早十年になります。47都道府県に拠点支援機関が設置され、各地域で本来であれば「見えない障害」である高次脳機能障害に対する見識が深まり、就労支援や就学支援などの種々の支援を受けながら社会進出することができるようになってきました。しかし、高次脳機能障害への認識が深まり、社会進出が可能になったとはいえ、安定した日常生活・社会生活の自立という、多くの高次脳機能障害者が抱えている潜在的で根本的な問題は未だに解決されたとは思われません。

　二十数年前に名古屋市総合リハビリテーションセンターで脳外傷者の診療を始めた頃は20歳台から30歳台の脳外傷者が大半を占め、彼らの両親が日常生活を支えていました。その後、一部の脳外傷者は結婚して新たな生活支援者を得た方もいますが、多くの脳外傷者はあれから二十数年が経った現在も、高次脳機能障害であるがゆえに契約手続きや社会生活でのトラブルに対応できないまま、両親の高齢化に伴う援助能力の低下に気づかず、親亡き後の生活に危機感を抱かずに当たり前のように親の援助に依存した生活をしていて、今後の日常生活に対する不安を漏らす人はいません。そこで、ここ数年は高次脳機能障害者の診察時に、親亡き後の地域生活について本人と援助者である家族の自覚を促すとともに、生活の自立が重要であることを示唆してきましたが、高次脳機能障害者の多くは親が援助する安定して暮らせる在宅生活を希望していて、何度説明しても今後の展望を自覚し、行動に移そうとする高次脳機能障害者や家族はほとんどいないのが現実でした。一方、高次脳機能障害者を援助する親たちは長年の援助によって疲弊し、あるいは加齢に伴う疾病によって援助を継続できない人もいます。なかには両親の死後、援助者がいなくなり、日常生活が混乱し、その結果、社会生活も混乱して就労を継続できなくなる可能性が推測されますが、介護者である両親も今までの生活を維持することが精一杯で、援助者である家族は今後の不安を感じながらも、生活支援を他人へ委ねる術を知らない現状があります。

　また、高次脳機能障害に対する世間の認識が広まり、さまざまな支援を受けることが可能になったとはいえ、サービスはデイサービスなどのいわゆる"箱ものサービス"が主流で、障害者を取り巻く環境や将来を想定し個々人のニーズに適合したサービスはあまり実践されていません。これらは高次脳機能障害者本人、援助者である家族が利用可能な福祉的サービスに対する見識がない、あるいは、相談支援者、サービス提供者が高次脳機能障害者の置かれている環境やニーズに対する認識が十分ではないことに起因すると考えられます。

名古屋市総合リハビリテーションセンターでは、高次脳機能障害者の地域生活を安定させるために、2009（平成21）年〜2011（平成23）年に「生活適応援助（生活版ジョブコーチ）研究事業」を、2015（平成27）年〜2016（平成28）年に「地域生活援助者（生活版ジョブコーチ）養成研究事業」を日本損害保険協会の研究助成を得て行ってきました。本書では、高次脳機能障害者がまず初めに利用すべき相談支援の現状と精神障害者保健福祉手帳および障害年金制度について概説し、以下、生活訓練施設での訓練の実際、地域生活支援のサービス提供に至るまでのプロセスとサービスを提供した事例について、困難ケースの地域での連携支援について記述しています。さらに、日常生活・社会生活において最も問題となる社会的行動障害と精神障害に対しての対応についても記載したものです。

　障害者総合支援法施行以降、地域においてさまざまな福祉的サービスが利用可能となりましたが、サービス提供事業者によってできること、できないことが一定していないのが現状です。高次脳機能障害者本人、援助者である家族、相談支援者、サービス提供者が高次脳機能障害の特性を理解し、横断的に情報を共有し、それぞれの長所を活かして上手に運用することで、適切かつ的確な支援ができることを示した実践事例では、高次脳機能障害者が大いに満足していることも事実です。本書に綴られている生活版ジョブコーチ研究事業の実践的な成果を参考として、高次脳機能障害者の地域生活を確立していただければ幸いです。

2016年12月

名古屋市総合リハビリテーションセンター
附属病院長　蒲澤　秀洋

Contents

はじめに

第1章 プロローグ

1. 本書のねらい ─── 2
2. 高次脳機能障害のある人たちの生活実態 ─── 2
3. 生活自立に向けた支援──生活版ジョブコーチ ─── 5
4. 地域支援システムを活用して ─── 9

事例① 一人暮らしを楽しむように変化したリュウさん ─── 12

第2章 高次脳機能障害についての基本的な理解

第1節 高次脳機能障害とは ─── 16
1. 高次脳機能障害の定義 ─── 16
2. 高次脳機能障害の主な症状と支援のポイント ─── 17
3. 支援の基本的な考え方 ─── 23

第2節 制度等からみる高次脳機能障害者支援のとらえ方 ─── 30
1. 障害者総合支援法における支援 ─── 30
2. 障害者手帳 ─── 33
3. 障害年金 ─── 37

第3章 高次脳機能障害のある人の生活を支援する基本

第1節 生活上の課題と対応 ─── 42
1. 支援プロセス ─── 42
2. 支援の視点 ─── 43
3. 高次脳機能障害のある人の特性 ─── 45

- ❹ 生活上の課題の具体例 ———————————— 46
- ❺ 生活管理ツール ———————————————— 58
- ❻ まとめ ——————————————————————— 61

第2節 高次脳機能障害の疑似体験 ———————————— 62
- ❶ 高次脳機能障害の理解の困難さ ———————— 62
- ❷ 疑似体験の内容 —————————————————— 63
- ❸ 高次脳機能の理解 ———————————————— 64

第4章 高次脳機能障害のある人たちの社会的行動障害

第1節 社会的行動障害の様相 ———————————————— 68

第2節 社会的行動障害への対応 ———————————————— 69
- ❶ 環境側への対応 —————————————————— 70
- ❷ 本人側への対応 —————————————————— 71

第3節 講習会等でよく受ける質問 ———————————————— 76

第5章 地域生活支援のプロセス

- ❶ 障害支援区分認定調査 ————————————— 82
- ❷ サービス提供の流れ ——————————————— 84
- ❸ 相談支援によるサービス等利用計画 ————— 86
- ❹ サービス担当者会議 ——————————————— 89
- ❺ 専門職連携アセスメント ————————————— 92
- ❻ 個別支援計画（居宅介護計画） ———————— 94
- ❼ 個別支援会議 ——————————————————— 94
- ❽ 支援手順書 ———————————————————— 97

❾ 支援の実施	97
❿ 支援の記録	99
⓫ モニタリング	99
事例❷ 結婚に向けて自立した生活を目指すケンジさん	102
事例❸ 一人暮らしに挑戦したナオヒトさん	104
事例❹ 周囲の人に支えられ生活を立て直してきたヒロヤスさん	107
事例❺ 将来を見据え、一人暮らしへの挑戦を始めたランさん	109

第6章 困難事例の連携支援

第1節 地域でのさまざまな機関の連携 ─ 114
❶ 地域連携支援概論 ─ 114
❷ サービス事業所での実践 ─ 118
❸ 相談支援事業所での実践 ─ 123

第2節 精神科医療との連携 ─ 129
❶ 連携の必要性と連携の仕方 ─ 129
❷ 脳損傷後に生じる精神障害と対応 ─ 131

巻末資料 障害支援区分認定調査　高次脳機能障害版マニュアル ─ 148

おわりに
執筆者一覧

別冊

演習1 高次脳機能障害の疑似体験 ─ 1
演習2 社会的行動障害対応方法 ─ 9
演習3 支援手順書作成 ─ 19

第 1 章

プロローグ

1 本書のねらい

　「高次脳機能障害」という言葉を聞いたことのある方はどのくらいいるでしょうか。
　2001（平成13）年から5年間にわたり厚生労働省で「高次脳機能障害支援モデル事業」が取り組まれ、診断基準や訓練プログラム、社会復帰・生活・介護支援プログラムが作成されました。その後10年間にわたり、「高次脳機能障害支援普及事業」（2007（平成19）年度より「高次脳機能障害及びその関連障害に対する支援普及事業」）が展開され、2016（平成28）年4月現在、高次脳機能障害支援普及拠点機関は全国に103か所設置されるなど、相談支援体制の整備が図られてきました。また、各地で研修会が開催されるようになり、「見えない障害」「狭間の障害」といわれていた高次脳機能障害も地域の支援者たちにずいぶん知られるようになりました。反面、「高次脳機能障害とは」という説明は何回も受けたけれども、実際に窓口に相談に来た高次脳機能障害者に対して「どのように支援したらよいのかわからない」という声が聞かれるようになってきました。
　「高次脳機能障害」は、まず医療機関で診断され、医学的なリハビリテーション（主として認知リハビリテーション）を受けます。認知リハビリテーションについては多くの実践が行われるとともに、関連の書籍が多数出版されるようになりました。また、生活訓練や就労移行支援についても徐々に実践が広がり、成果も上がり始めています。一方、社会参加支援のなかでも地域生活の支援は課題として残ったままでした。当事者・家族からは「親亡き後の生活」をどうすればよいのかとの切実な要望が出されています。
　本書は、とりわけ地域で支援の第一線を担う相談支援事業所や居宅介護事業所などの援助職の方々に、高次脳機能障害者の地域生活を支援するための知識や方法を学んでいただくことを目的にしています。折しも厚生労働省からは、高次脳機能障害者の地域生活を支えるための方向性として2点が提示されました。その一つは障害特性に対応できる知識・技術をもった福祉に携わる人材の育成であり、もう一つが地域における医療と福祉の連携の推進・多職種連携の推進です。本書はこの2点を意図して作成していますので、本書を活用いただくことで、高次脳機能障害者の地域生活支援が推進するものと期待しています。

2 高次脳機能障害のある人たちの生活実態

　名古屋市総合リハビリテーションセンター（以下、名古屋リハ）では2005（平成17）年に「高次脳機能障害者の在宅ケアニーズ調査」[1]を実施しました。これは外傷性脳損傷による高次脳機能障害者と暮らす家族104名に日々の生活のなかでの支援の様子を聴き取って、分析したものです。
　調査項目は**表1-1**に示した48項目です。また聴き取った内容を**表1-2**の支援の基準（支

表1-1 調査項目

領域	中分類	項目
生活行動 （10項目）	生活リズム	起床・就寝、日中の生活行動
	ADL関係	食事、更衣、入浴、整容、排泄、移動
	意思疎通	指示の理解、意思の伝達
生活技術 （8項目）	IADL関係	調理、配・下膳、買物、掃除、洗濯、入浴準備、電話・来客対応
	交通機関利用	公共交通機関利用
生活管理 （9項目）	金銭関係	日常の金銭管理
	医務関係	服薬管理、体調管理
	身だしなみ	清潔、適切な服装
	その他	大切な物の管理、借り物の返却、火の始末、戸締り
社会活動 （7項目）	社会性	対人関係、マナー等
	契約、勧誘関係	勧誘対応、契約・手続き
	その他	診察対応、休日の過ごし方、日常レベルの問題解決
問題行動 （14項目）	依存性・退行	依存性・退行
	感情コントロール	態度・表情、暴力行為、気分の変動
	欲求コントロール	嗜好品（飲酒・喫煙）、飲食物、異性関係
	こだわり	手洗い・清潔、その他
	その他	強い思い込み、混乱・パニック、特定者への悪感情、収集癖、反社会的行動

表1-2 支援の基準（支援の程度）

0）自立（支援不要）
1）準備
　　家族が本人を混乱させない対処法を習得している等、周囲の〈準備〉により安定している場合
2）確認・声かけ
　　準備だけでは不十分で、確認・声かけが必要な場合。数回に1回程度の確認であれば準備とみなす
3）介助
　　行動を共にする、見本を示す等、直接的な行為が必要な場合。なおかつ、おおむね本人がそれを受け入れている
4）後処理
　　上記の支援を行っても守れない、想定を越えた言動があるなど、後始末が必要となる場合
　※問題行動は「支援の基準」に頻度を加味する

援の程度）に当てはめて得点化しました。

　支援の程度によって軽いⅠ群から重いⅤ群までの五つの群に分けることができました（図1-1）。支援が中等度のⅢ群とⅣ群を合わせると55％を占めていました。

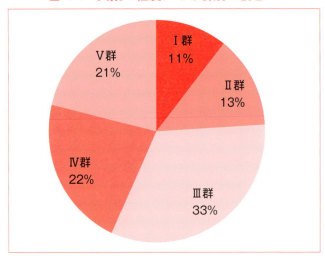

図 1-1　支援の程度にみる群別の割合

　各群の支援の特徴は以下のとおりです。
　Ⅰ群は、生活場面での支援の必要性は低く、自立している行動が多かった群です。とはいえ、社会活動において「自立」は４割にとどまっていました。
　Ⅱ群は、生活行動、生活技術、生活管理にⅠ群よりやや支援の必要性が高かった群です。とりわけ社会活動において「確認・声かけ」や「介助」などの支援が必要となる人が増えています。
　Ⅲ群では、生活行動は５割以上が「自立」していましたが、生活技術は何らかの支援を必要とする人が７割を超えていました。さらに社会活動は９割近くの人が支援を必要としていました。
　Ⅳ群は、生活行動や生活技術に関する支援はⅢ群と大差ないのですが、問題行動に関する支援の必要性が高いことが特徴でした。特にトラブルが起きた後の処理が家族に求められていました。
　Ⅴ群は、すべての生活場面で支援が必要な人でした。"重度"な人たちですが、逆に一人で社会に出ていくことは少ないために、問題行動への支援はⅣ群より低い傾向にありました。
　各領域ごとにみられた支援の特徴は、以下のとおりです。
　「生活行動」の領域では、身辺処理（ADL関係）は自立している人が多くいました。支援の必要性が比較的高かったのは、指示の理解・意思の伝達や、生活リズムに関する項目でした。
　「生活技術」はつながりのある一連の行動なので、工程数が多い調理や、判断の求められるゴミ出し、電話・来客対応、行き先確認・切符の購入や間違ったときの対応が求められる公共交通機関利用で支援が必要でした。

「生活管理」では金銭管理、大切な物の管理で支援が必要になっていました。

「社会活動」のなかでは、契約・手続きや主治医とのやりとりが求められる診察対応に支援が必要でした。

「問題行動」の領域は項目や群による差異が大きくありました。Ⅳ群では暴力行為、特定者への悪感情、（ムッとした）態度・表情や気分の変動、強い思い込みに支援が必要でしたが、Ⅴ群では依存性・退行に特徴がみられました。

全体として、生活行動よりも生活技術・生活管理に、さらには社会活動と、社会と接する領域ほど支援が必要な傾向がありました。日常的には本人がスムーズに行動できるように家族が準備や声かけをしたり、行動をルーチン化するなどして対応していました。それゆえに、身近で配慮をしてくれる人がいなくなった場合の不安を訴える家族が多くいました。

2009（平成21）年に日本脳外傷友の会が全国の高次脳機能障害者1700名に生活実態を調査[2]した結果、本人が落ち着いて生活できる場所は「自宅」との回答が87.2％と多数を占めていました。しかし、家族が支援できなくなった場合には、家族に代わる支援が必要である人が73％と多くいました。

高次脳機能障害家族にかかる介護負担が大きいことはいくつかの調査で明らかにされています。なかでも白山（2010）[3]は「社会的行動障害あり」の家族では中度以上の抑うつ者が30.2％おり、「社会的行動障害なし」の家族の16.7％に比べて多かったことを明らかにし、うつ傾向の程度が社会的行動障害に影響されると述べています。また、遷延性意識障害 ▶Word 家族と高次脳機能障害家族の介護負担感を比較した調査結果[4]によると、高次脳機能障害家族の精神的負担は78.0％と遷延性意識障害家族の26.8％を大幅に超えていました。これらのことから、高次脳機能障害のある人と暮らす家族の介護負担は大きいものがあり、本人の生活の自立を支援することは家族の介護負担の軽減にもつながると考えられます。

❸ 生活自立に向けた支援──生活版ジョブコーチ

先述の在宅ケアニーズ調査により、高次脳機能障害者の在宅生活のかなりの部分が共に暮らす家族によって支援されている実態が明らかにされました。そこで、高次脳機能障害

▶Word　遷延性意識障害

脳の損傷により、呼吸、循環などの自律神経機能ははたらいているものの、外界からの刺激に反応せず、知的活動や運動機能などがほとんどみられない状態が3か月以上続いた場合を、遷延性意識障害（植物状態）とみなしている。具体的には自力で移動できない、自力で食事を摂取できない、意味のある言葉を話せず、意思疎通が困難などである。

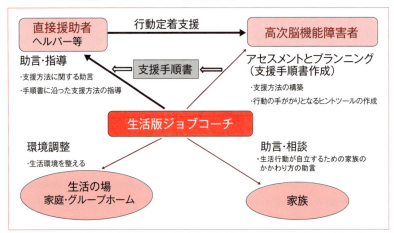

図1-2 生活版ジョブコーチの業務内容

者の生活を自立させるための方法を研究[5),6)]していきました。

　生活を自立させる方法として生活訓練があります。従来の通所や宿泊型による生活訓練は生活リズムの確立や対人関係を学ぶためには有効ですが、生活技術は施設や病院で学んでも家庭生活に応用できない場合が多々あります。支援者が生活する場に訪問し、本人のもっている力を活用しながら繰り返し行動の定着を支援し、自立させるための方法として「生活版ジョブコーチ支援」が新たに開発されました。この手法が障害のある人が職場で自立して仕事ができるように支援するジョブコーチ（支援）と類似していることから「生活版ジョブコーチ（支援）」と名づけました。

　生活版ジョブコーチ支援[7)]は支援者が地域に出向いていくアウトリーチ型の福祉サービスです。生活版ジョブコーチの業務内容は、図1-2に示すとおりです。

　まず、本人の生活の場を訪問し、本人や家族の希望を聴いて、現状の生活の様子を把握します。自立に向けた生活への一歩となる支援項目を選び出し、支援の目標を定め、具体的な支援の方策を立て、支援の手順書を作成します。高次脳機能障害者は記憶障害があるため、行動定着のためには頻繁な支援が必要です。そのため、直接援助はホームヘルパーなどに依頼します。生活版ジョブコーチはホームヘルパーに支援手順書に基づいて支援方法をコーチしたり、家族に助言したりします。また、本人がうまく行動できるように物の置き場所を固定するなどして生活環境を整えるのも生活版ジョブコーチの役割です。すなわち、生活版ジョブコーチの役割は、❶本人の現状を把握して支援の項目・目標を決め、支援手順書を作成すること、❷直接援助者に支援方法をコーチすること、❸家族に助言すること、❹環境を整えることの四つです。

　生活版ジョブコーチ支援のプロセスは「アセスメント」「プランニング」「実施」「モニタリング」の４段階のローテーションになっています。支援目標を達成すれば生活版ジョブコーチ支援は終了となります。

アセスメントでは基本情報を収集するとともに主訴を把握します。主訴では本人のニーズと家族のニーズを混同しないようにします。高次脳機能障害については、専門機関での診断および評価の情報や、すでに支援している機関があれば、その情報をわかる範囲で聴き取っておきます。障害認識については「病気や事故前と比べて、変わったところはないですか？」というような質問をすると、本人が気づいている部分と気づいていない部分がみえやすくなります。現在、家族がどのような支援をどういう領域で行っているのかも聴き取っていきます。また、「できている行動」や「何らかの支援で自立している行動」からどのような工夫があれば自立できそうか、本人の強みとなる能力は何かを探っていきます。

支援項目・目標の設定では優先順位を考えて支援項目を絞り込み、支援目標を設定していくことが大切です。自立できていない生活行動のすべてを対象としようとすると、高次脳機能障害のある人はパニックになってしまい、一つもできないという事態が起こる可能性があります。自立した生活に向けた取組みの第一歩として、行動の習得と同時に自信も獲得し、今後の生活に対する意欲が向上するような支援項目を選び、目標を設定します。「一人で通所できるようになりたい」というように、すでに本人や家族の目標が具体的かつ明確であれば、次のプランニングに進むことができます。また、支援を実施している機関の支援者と本人との間ですでに課題が明らかにされ、ニーズが共有できていれば、プランニングに進みます。

プランニングでは、選択した支援項目の行動について、実際に本人がしている生活行動を観察して課題を分析し、強みを活かしながら、ヒントツールを活用したり環境を整えたりして、支援目標が達成できる方策を考えていきます。強みを見つけるには、本人の「意欲や興味・関心、こだわり」などに着目します。○○できるというような本人の「もっている能力」だけではなく、条件を整えればできるようになることも強みとなります。家族、近隣住民や店員などによる自然なサポートや、立地条件などの環境的な強みも探していきます。高次脳機能障害者の場合には、「勝手に行動しない」とか「感情が安定している」というようなことも支援のしやすさにつながり、強みになります。

支援項目とした行動を、生活場面に即して、おおむね時系列的に一かたまりの行為（行動）に分類し、詳細について現状で本人が独力でできているか、安全面に配慮できているかどうかを確認します。うまくできていない場合には、その原因を分析します。また、現状で家族がどのような支援をしているのかもチェックしておきます。支援の方策はなるべく具体的に、複数の方法を考えます。本人の好みに合い、使い勝手のよい方法でなければ、実際の場面で役に立ちません。ルールを決めたり、物の置き場所を決めたりして、記憶や注意、判断などの認知機能の使用を「省エネモード」にして、失敗しにくい方策を検討します。記憶や注意、遂行機能に障害をもつ高次脳機能障害者には手がかりとなるヒントツー

表 1-3 支援手順書（例）

項目	支援内容・手順	留意事項
スケジュール管理	■メモリーノートの記入と定着を促す ①開始時の声かけ：前日の振り返り「メモリーノートを確認しましょう。昨日は予定どおりにできましたか？　時間どおりにできなかったことはありましたか？　昨日のご飯は何をつくりましたか？　家族の感想はありましたか？」 　今日のスケジュール確認：「これからの予定はどうなっていますか？」 ②支援中の声かけ：買い物など項目が終わり次第、「メモリーノートにチェックしましょう。時間どおりにできていますか？　次は何をすると書いてありますか？」 ③終了時の声かけ：メモリーノートの確認を促し、「これまでのところは時間どおりにできていますか？これからしなければいけないことを確認しておきましょう」	＊声かけの内容は全員で統一する ＊できなかったことは各ヘルパーが工夫するのではなく、生活版ジョブコーチに報告し、改善した方法を全員一致で実施する
服薬管理	■メモリーノートと薬箱の確認を促す ・スケジュール確認の際に、メモリーノートの服薬管理にチェックがなければ声かけと確認：「お薬チェック欄にチェックがありませんが、飲みましたか？　薬箱を確認してみましょう」	＊朝・昼・夕に違う薬を飲んでいる。薬箱セットは家族がする
献立決め	■ヒントツール（携帯型ゲーム機のお料理ナビゲーションソフト：お料理ナビ）を使い、献立を考える思考パターンの定着を促す ①献立決めのヒントになる声かけ：「冷蔵庫にある傷みやすい野菜から献立を決めましょう」 ②お料理ナビの手順書をみながら献立検索機能で献立決めを促す	
調理	■献立のなかで何からつくるか、優先順位を考えてから着手する ■「キッチンから離れないこと」「タイマーの使用」の定着を促す ①料理中にキッチンを離れなくて済むように、他に優先的にしておかなければいけないことがないか確認を促す ②お料理ナビで手順を確認し、使用する材料と道具はすべて出しておく ③一品ずつつくるように声をかける ④お料理ナビの手順どおりにできているかを見守る ⑤ガスを使う場合は、タイマーのセットを声かけし、確認する	＊単独で火の管理ができるようになるために、タイマーのセットをリアルフィードバックで徹底する

ルが行動の定着のために有効です。ヒントツールの具体例については、**第 3 章**を参照してください。

　支援項目とした行動の支援方法を援助者全員で一致したアプローチをするためのツールが「支援手順書」です。支援手順書例（**表 1-3**）を参照してください。手順書を用いた支援の主な留意点は次にあげる三つがあります。

❶　自立に向けた支援は、介助→直接行動を指示する声かけ→気づきを促す声かけ→見守り→定着の確認へと段階的に進めていきます。

❷　気づきを促す声かけとは、行動を直接指示するのではなく、ヒントツールを用いて自分で確認しながら行動するように促すことです。例えば「○○行きに乗りましょう」ではなく、「ヒントカードで行き先を確認してください」などです。

❸　高次脳機能障害者が混乱せずに効果的に学ぶためには、全員で一致した支援が必要です。そのためには、声かけの方法や内容を統一すること、変更する場合も、いったん情

報を生活版ジョブコーチに集約して行うこと、本人の判断に委ねると危険なことがらについては情報を共有しておくことが必要です。

モニタリングでは、作成した支援手順書でうまく行動ができるようになっているかを観察・評価し、必要に応じて手順書を修正していきます。うまくできていない点が見つかった場合には、「いつ」「どのような状況で」「なぜ」「本人の強みや特性をとらえ間違えてはいないか」「支援者のかかわり方はどうだったか」などを検討していきます。モニタリングで新たな問題の発生をキャッチする場合もあります。記録をもとに情報を共有します。必要に応じて関係者のチームカンファレンスを開催します。

支援目標が達成したら終結です。生活版ジョブコーチは本人・家族と支援の振り返りをし、支援目標の達成を確認して、支援の満足度について聴き取っておきます。生活版ジョブコーチ支援が終了しても、継続するサービスがある場合も往々にしてみられます。例えば、「移動支援は終了するが、週1回の家事援助のホームヘルプサービスは継続する」などです。本人の不安やストレス、危険性などにも配慮しておくことが必要です。次のステップへの移行を支援する場合には地域の関係機関と連携し、役割を分担して進めます。長期のフォローアップは本人が通所している事業所や相談支援事業所などが行います。

❹ 地域支援システムを活用して

「生活版ジョブコーチ派遣試行事業」で対象となった事例では、目標とした生活行動が獲得できたのみならず、本人の自信や自立意識につながりました。また、具体的な生活行動を支援項目としたことで、目標達成後に振り返って障害への気づきが生まれました。支援者が在宅で支援するなかで、家族の相談に乗ったり、本人の変化を共に実感したりすることが家族のストレスの軽減につながりました。地域のさまざまな機関との連携も促進されるなど、支援手法の有効性を確認することができました。また、全国のいくつかの実践を2015（平成27）年度の厚生労働科学研究の報告書「訪問による自立訓練（生活訓練）を活用した地域移行及び地域生活訓練の在り方に関する研究」[8]のなかに「高次脳機能障害領域の訪問（アウトリーチ）サービス」としてまとめていますが、訪問（アウトリーチ）サービスが高次脳機能障害者の地域生活支援に有効であることを明らかにしています。

全国各地でこの手法を学びたいとのニーズが高まり、講習会のテーマとしてたびたび取り上げられました。しかし、実践は思うように普及していません。その理由として、制度のなかに位置づけることができず、生活版ジョブコーチ支援手法を推進するためのしかけがなかったことや、生活版ジョブコーチが支援の実施に至るまでのすべてのプロセスを一人で担務しなければならず、専門性が求められたため、着手することがためらわれたという事情があると考えられます。

この間に障害者自立支援法から障害者の日常生活及び社会生活を総合的に支援するための法律（障害者総合支援法）に変わり、地域の相談支援システムが整備されてきました。相談支援事業者にサービス等利用計画の策定が義務づけられたり、サービス管理（提供）責任者が個別支援計画（居宅介護計画）を策定して支援が実施されるようになり、地域生活支援のためのサービスが質的にも充実してきました。そこで、高次脳機能障害者の地域生活支援の手法をこのような地域支援システムのなかに位置づけることで普及できないかと考えて取り組んだのが「高次脳機能障害者地域生活援助者（生活版ジョブコーチ）養成研究事業」です。2015（平成27）年度には、相談支援事業者や居宅介護事業所向けの研修を企画し、実施しました。その後、2016（平成28）年度にかけて5事例をモデルに、試行的な地域生活支援を行いました。研修によって高次脳機能障害の障害特性に対応できる知識と技術をもった人材を育成し、サービス等利用計画や居宅介護計画の策定、実施において生活版ジョブコーチ支援の考え方や手法を活用してもらうことをねらいにおきました。また、2015（平成27）年度から新設の福祉専門職員等連携加算の施策を用いて、専門職が高次脳機能障害者の生活の場に出向いてアセスメントをし、アドバイスをすることにしました。その結果、専門職アセスメントが居宅介護計画や支援の手順書を作成するうえで有効に活用されました。これらの地域生活支援のプロセスは、**第5章**で詳細に解説しています。また、地域生活支援の実際の様子をまとめた五つの事例は、**第1章**および**第5章**で紹介しています。

　これらの試行事例や前述の厚生労働科学研究「高次脳機能障害領域の訪問（アウトリーチ）サービス」に収載した事例の支援の状況を鑑みると、以下のようなことがわかってきました。

　受傷・発症から医療→訓練→支援とシームレスな支援が継続して、地域生活に移行できた事例は今回のような地域支援システムと地域の人材を活用することで、生活の自立に向けた支援が可能であること。一方、訓練を受けた経験がなかったり、受傷してから長期間高次脳機能障害と診断をされず支援の枠組みに乗ってこなかった場合、地域生活への移行後に問題が噴出して支援困難事例となった場合、もともと多彩な症状をもっていたり障害が重複している場合などでは、やはり生活版ジョブコーチのような専門性をもったスタッフが生活の立て直しや枠組みづくりをして、一定の安定した状況になってから地域の支援者に引き継ぐことが求められるということです。ただ、このような困難な事例が全体からすると多いわけではないと考えます。

　本書は、相談支援事業者や居宅介護事業者向けに企画した研修内容をもとに構成しています。研修内容の検討にあたっては現場のニーズに沿った内容とするために、研究会メンバーである地域の相談支援専門員からの意見を参考にしました。演習に工夫を凝らしたの

も、その成果です。わかりにくい障害、見えない障害を少しでも「見える化」することで、地域の支援者たちと連携した支援ができるようになることを期待しています。

参考文献

1) 名古屋市総合リハビリテーションセンター高次脳機能障害在宅ケア研究会「高次脳機能障害者の在宅ケアニーズ調査報告書」，2006.
2) NPO法人日本脳外傷友の会「高次脳機能障害者生活実態調査報告書」，2009.
3) 白山靖彦「高次脳機能障害者家族の介護負担感に関する諸相──社会的行動障害の影響についての量的検討──」『社会福祉学』第51巻第1号，2010，pp.29〜38.
4) NPO大阪脳損傷サポートセンター・若者と家族の会大阪支部・大阪府立大学総合リハビリテーション学部作業療法学専攻「中途脳損傷者の生活実態およびニーズに関する実態調査報告書」，2010.
5) 名古屋市総合リハビリテーション事業団「高次脳機能障害者の在宅ケア試行的実践報告」，2007.
6) 名古屋市総合リハビリテーション事業団「自立にチャレンジ！ 高次脳機能障害者の生活を支援する生活版ジョブコーチ──生活適応援助（生活版ジョブコーチ）研究事業報告書」，2012.
7) 名古屋市総合リハビリテーションセンター生活版ジョブコーチ研究会『自立にチャレンジ!! 生活版ジョブコーチ支援 ガイドブック編』，2013.
8) 研究代表 岩崎香「平成27年度厚生労働科学研究費補助金障害者政策総合事業」『訪問による自立訓練（生活訓練）を活用した地域移行及び地域生活訓練の在り方に関する研究』，2015.

事例 1

一人暮らしを楽しむように変化したリュウさん

名前	リュウさん	**性別**	男性
年齢	30代半ば	**利用しているサービス**	居宅介護

リュウさんのこと

　リュウさんは小学5年生のときに自転車に乗っていて車と正面衝突をして外傷性脳損傷を負いました。体に軽い半身麻痺と高次脳機能障害が残りました。特別支援学校（高校）を卒業後、障害者枠で一般就労し、十数年安定して就労を続けてきました。親元を離れて一人暮らしをしたいと思うようになり、障害年金（基礎年金2級）が受給できるようになったことを契機にアパートでの一人暮らしを開始しました。

生活版ジョブコーチ支援で自立生活の基礎固め

　最初は母親が毎日のようにアパートに通って調理を一緒にするなどの支援をしていました。3か月が経過した頃に生活版ジョブコーチ研究事業のモデルとなり、ホームヘルパー（以下、ヘルパー）が支援に入るようになりました。

　生活版ジョブコーチとヘルパーで相談をしながら、簡単な食事づくり・片づけ、掃除、ごみの処理について支援手順書を作成し、計画的な支援を開始しました。一度にあれもこれもとなるとパニックになってしまうので、リュウさんのペースに合わせてゆっくり一つずつ根気よく行動の定着を支援していきました。最初の頃は一人のヘルパーが週3回来ていました。覚えかけていた調理手順を次の訪問時にはすっかり忘れている様子が見られたので、ヘルパーは一緒に焼きそばをつくりながらその手順をヒントカードに書いていきました。リュウさんは翌日、自分でヒントカードを見ながらつくるようにして調理手順をマスターしていきました。ヘルパーからのアドバイスでIHクッキングヒーターに替えたり、キッチンばさみを使ったりというような道具の工夫もしました。

　慣れてくるとヘルパーの訪問は週2回になり、2人交代制となりました。別のヘルパーが来ることを忘れていて混乱することもあったので、ヘルパーが帰るときにカレンダーに次回の担当者名を記載してもらいました。また本人が迷うようなスーパーでの食材の選択や調理の分量などについては判断のルールを決めておくことで、安心

して一人で買い物ができるようになりました。

　生活版ジョブコーチによる支援は3か月で終了し、その後はヘルパーによる週1回の調理支援、月1回の掃除支援を受けながら安定して暮らしています。いつの間にか包丁も使えるようになったり、賞味期限に気を配るようになったりして、料理のレパートリーも増えていきました。

　3年ほど経過した頃、ヘルパーからの提案で洗濯物を干したり、たたんで片づけたりすることを練習しました。それまでは洗濯物は室内に干しっぱなしだったり、乾いたものの横に濡れた洗濯物を干したりしていました。ヘルパーが、作業服は目につくかごに入れる、下着、タオルなどは決まった場所に片づけるというふうにわかりやすい方法で、繰り返し一緒にやってくれたことで行動が自立していきました。

　研究事業の間は研究費でホームヘルプサービスを利用しましたが、その後はサービス等利用計画を作成して地域生活を支援するシステムが運用されるようになったこともあり、障害程度（支援）区分の認定を受けてホームヘルプサービスを利用しています。

4年後の今

　リュウさんの強みは「まじめにコツコツと取り組む」ところです。ヘルパーはリュウさんがパニックになったりすっかり忘れてしまったりしても、何に困っているのかを察知して、丁寧にかかわってくれました。リュウさんの強みを活かす支援の仕方で、一つずつ確実に行動できることを増やすことができました。

　最初は母親がリュウさんとヘルパーとの間に入って調整していましたが、今ではリュウさん自らが直接ヘルパーと電話で調整できるようになりました。また郵便物の仕分けも、自分でやって判断に迷うところをヘルパーに確認しています。困ったことをヘルパーに相談して解決することができるようになったのです。ヘルパーたちとの信頼関係を築いたことは、地域生活を送るうえで大きな力となります。リュウさんは一人暮らしを始めた当初は不安だったそうですが、今ではすっかり一人暮らしを楽しむようになり、仕事をしながら、週末には友人との交流もしています。

＊生活版ジョブコーチ研究事業終了時にリュウさんにインタビューした様子を、DVD『自立にチャレンジ　高次脳機能障害生活適応援助者【生活版ジョブコーチ】派遣試行事業』でご覧いただけます。名古屋リハにお問い合わせください。

第2章

高次脳機能障害についての基本的な理解

第1節 高次脳機能障害とは

1 高次脳機能障害の定義

　近年、外傷性脳損傷（以下、脳外傷）や脳血管障害などにより、脳にダメージを受けることで生じる認知障害や行動障害などの症状が「高次脳機能障害」と呼ばれるようになりました。

　しかし、学術用語としての高次脳機能障害はもう少し範囲が広く、厚生労働省がまとめた「高次脳機能障害者支援の手引き（改訂第2版）」において「脳損傷に起因する認知障害全般を指し、この中にはいわゆる巣症状としての失語・失行・失認のほか記憶障害、注意障害、遂行機能障害、社会的行動障害などが含まれる」[1]と定義されています。それでは、なぜ、現在では認知障害や行動障害などの症状を中心に「高次脳機能障害」と呼ぶことが多いのでしょうか。

　これは、2001（平成13）年度から5年間にわたり実施された国の「高次脳機能障害支援モデル事業」●Wordが関係しています。上記「手引き」の高次脳機能障害診断基準において「高次脳機能障害支援モデル事業において集積された脳損傷者のデータを慎重に分析した結果、記憶障害、注意障害、遂行機能障害、社会的行動障害などの認知障害を主たる要因として、日常生活及び社会生活への適応に困難を有する一群が存在し、これらについては診断、リハビリテーション、生活支援等の手法が確立しておらず早急な検討が必要なことが明らかとなった。そこでこれらの者への支援対策を推進する観点から、行政的に、この一群が示す認知障害を『高次脳機能障害』と呼び、この障害を有する者を『高次脳機能障害者』と呼ぶことが適当である」[1]とされているためです。

　また、これらの人たちへの福祉サービス等の提供への門戸を開くため行政的見地から**表2-1**に示す高次脳機能障害診断基準が作成され、精神障害者保健福祉手帳の申請等ができ

●Word 高次脳機能障害支援モデル事業

2001（平成13）年度から実施された「高次脳機能障害支援モデル事業」は、2006（平成18）年度から「高次脳機能障害支援普及事業」へ、2013（平成25）年度から「高次脳機能障害及びその関連障害に対する支援普及事業」へと名称変更された。診断基準の4症状（記憶障害、注意障害、遂行機能障害、社会的行動障害）のみでなく、失語症などほかの合併障害を併存していることが多く、各支援拠点機関において実際に対応している現状があるためである。

表2-1　高次脳機能障害診断基準

行政的に、次に当てはまる認知障害を「高次脳機能障害」と呼ぶ

診断基準
Ⅰ．主要症状等
　1．脳の器質的病変の原因となる事故による受傷や疾病の発症の事実が確認されている。
　2．現在、日常生活または社会生活に制約があり、その主たる原因が記憶障害、注意障害、遂行機能障害、社会的行動障害などの認知障害である。
Ⅱ．検査所見
　　MRI、CT、脳波などにより認知障害の原因と考えられる脳の器質的病変の存在が確認されているか、あるいは診断書により脳の器質的病変が存在したと確認できる。
Ⅲ．除外項目
　1．脳の器質的病変に基づく認知障害のうち、身体障害として認定可能である症状を有するが上記主要症状（Ⅰ-2）を欠く者は除外する。
　2．診断にあたり、受傷または発症以前から有する症状と検査所見は除外する。
　3．先天性疾患、周産期における脳損傷、発達障害、進行性疾患を原因とする者は除外する。
Ⅳ．診断
　1．Ⅰ～Ⅲをすべて満たした場合に高次脳機能障害と診断する。
　2．高次脳機能障害の診断は脳の器質的病変の原因となった外傷や疾病の急性期症状を脱した後において行う。
　3．神経心理学的検査の所見を参考にすることができる。

※なお、診断基準のⅠとⅢを満たす一方で、Ⅱの検査所見で脳の器質的病変の存在を明らかにできない症例については、慎重な評価により高次脳機能障害者として診断されることがあり得る。
また、この診断基準については、今後の医学・医療の発展を踏まえ、適時、見直しを行うことが適当である。

出典：厚生労働省社会・援護局障害保健福祉部・国立障害者リハビリテーションセンター「高次脳機能障害者支援の手引き（改訂第2版）」、2008、p.2

るようになりました。

「高次脳機能障害支援モデル事業」の成果として、❶高次脳機能障害の「診断基準」が策定されたこと、❷「精神障害者保健福祉手帳」の対象疾患になったこと、❸高次脳機能障害のある人への有効なリハビリテーションの流れ（医療―福祉―社会復帰といった連続した支援）が示されたこと、❹診断・評価、訓練、支援の標準マニュアルが作成されたことの四つがあります。

❷ 高次脳機能障害の主な症状と支援のポイント

ここでは、診断基準で示された四つの主要症状である、❶注意障害、❷記憶障害、❸遂行機能障害、❹社会的行動障害について、症状の解説と支援上で心がけるポイントについて説明します。また、外見上わかりにくく本人も自覚しにくい症状のため、「本人への伝え方（例）」についても、比喩的表現[2]も交えてまとめました。

1）注意障害

「一つのことが続けられない」「気が散りやすい」「ミスが多い」「同時に複数のことに注意が向けられない」というように、注意の持続や集中、配分に障害がみられます。また、これらの注意の障害は情報処理の容量とも関係があり、処理が複雑になったり、一度に処理しなければならない情報の量が増えたりするとミスが顕著に増大し、処理速度が通常より遅くなるという傾向がみられます。

＜支援のポイント＞

・短時間なら集中できる可能性があります。適時に休憩がとれるようにスケジュールを組んでみます。
・一つずつ行うとミスが減るかもしれません。できることから取り組んでみます。
・あらかじめ注意点を確認しておくとミスが減るかもしれません。支援者間で情報共有し対応方法を統一してみます。

＜本人への伝え方（例）＞

・「パソコンの操作で、次から次へと指示を出すと処理が追いつかずフリーズしてしまうのと同様に、高次脳機能障害のある人に一度にたくさんの指示が入ると混乱したり思考や動作が停止してしまうことがあります。処理容量に合わせて、まずは一つずつゆっくりと取り組んでみましょう」などと声かけします。

2）記憶障害

　「新しい知識が覚えられない」という意味記憶の障害、「自分の体験した内容があいまいになる」というエピソード記憶の障害、「約束事や予定をタイムリーに思い出せない」という展望記憶の障害がみられます。また、これらは記憶しようとするときの注意力の不足や、一度に記銘できる容量の少なさ、処理速度の遅さなどがあいまって情報の入力が不十分であることや、記憶すべき事柄を構造化して安定した形で貯蔵することが難しいこと、想起するときに手がかりを上手に使えないことなど、記憶システム全般にかかわって生じてきていると考えられます。

＜支援のポイント＞
・昔覚えた知識が残っている可能性があります。
・正しい方法を繰り返し行うことで、体験的に覚えられる可能性があります。
・手がかりがあると思い出し、行動に移せる可能性があります。手帳や携帯電話などを活用できれば記憶障害を補うとともに、行動の自己管理にも役立つ場合があります。

＜本人への伝え方（例）＞
・「約束を忘れて困るときは、手帳にメモをとる、携帯電話に記録する、家族に伝えるなどの方法がありますが、どれが使えそうですか」と伝えます。
・（メモの確認などがすぐに定着しないとき）「次に何をする予定でしたか？　わからなくなったときはどうしたらよいでしょうか？」とメモの確認を促します。
・（気がつかない場合には）「何かメモされていませんでしたか？」など、できる限り気づいてもらうように声かけをしてみます。

3）遂行機能障害

「計画が立てられない」「課題や仕事を正しいやり方で続けられない」「仕上がりを気にしない」など行動をプログラミングし、開始した行動をモニターし、コントロールしながら目的を達成することに障害がみられます。また、これらの結果、自分の障害を客観的に認識したり、失敗から学んで正しい解決に至ることも難しくなります。

＜支援のポイント＞
・手順書に沿って行うとスムーズにできることがあります。
・あらかじめ段取りを決めておくとうまく行動に移せることがあります。
・上記のような行動の手がかりを本人の状況に合わせて具体的に有効な方法で探ります。

＜本人への伝え方（例）＞
・「日常生活は問題がなくても、仕事になると問題が生じる人もいます。仕事では納期やノルマ、いくつかの案件を段取りよくこなさなくてはならないかもしれません。日常生活よりも周囲から要求される水準が高くなり難しくなるからです」と伝えます。
・「（障害福祉サービス利用中の場合）仕事に復帰したいという大きな目標に向け、まずは短期の目標として単独で通勤できるよう外出訓練をして、次は仕事がミスなくうまくできるよう職業の訓練を行うことを中期の目標に取り組んでいきましょう。できることから一つずつ積み上げながら、階段をのぼるようにゴールを目指しましょう」と個別支援計画書などの紙面を用いて説明してみます。

4）社会的行動障害

　こだわりや、自己主張が強くなるなどの「固執性」や、ささいなことでイライラしたり、興奮したりしてしまうなどの「感情コントロールの低下」、ほしいと思うと我慢できない、先のことを考えずにお金を使うようになるなどの「欲求コントロールの低下」、相手の気持ちになって考えることができなくなる、また人間関係をうまく築けなくなる「対人技能の拙劣」、指示がないと動けなくなる、人や趣味に無関心になる「意欲・発動性の低下」、すぐに親に頼るようになったり、子どもっぽくなる「依存性・退行」、といった症状があります。また、社会的行動障害は大きな対人トラブルに発展することもあり、その症状自体がクローズアップされやすいですが、背景には重い記憶障害や遂行機能障害などが隠れている場合もあります。

　坂爪[3]は、個人と環境との相互作用として生じる行動について、健常者と、記憶障害や遂行機能障害のある人の場合を比較して図 2-1 のような説明をしています。

　健常者は、環境をよく知って環境を制御することで、安定して適応行動をとることができます。一方、記憶障害や遂行機能障害などのある人は、その症状ゆえに環境を十分に理解したり、先を予測したりすることができないために、困惑と不安な感情が起きてきます。また、自分で環境をうまく制御できないために、無力感や抑うつ感が生じます。それらの結果として問題行動が起きる場合があります。

＜支援のポイント＞

・興奮状態のときは、話題や場所を変えてみます。
・本人と一緒にルールを決め、メモや記録など目に見えるかたちで残して適時フィードバックします。
・本人が落ち着いている状態のとき、トラブルの原因や対処法などを一緒に考え、望ましい行動を説明します。

図2-1　問題行動のメカニズム

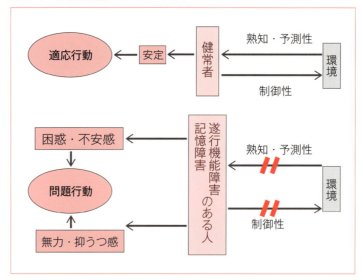

出典：坂爪一幸「遂行機能障害，記憶障害の認知リハビリテーションにおける学習理論の役割——馴化型・予測型・制御型学習の困難を例として」『認知リハビリテーション』第3巻第2号，1998，p.9を一部改変

＜本人への伝え方（例）＞

・「人と話しているとき、つらくなったり、しんどくなったりしたら、一人で過ごせる場所に緊急避難してください。トイレや自分の部屋など一人になれる場所はありませんか」と伝え、具体的対応を一緒に考えていきます。
・「瞬間湯沸かし器と同じです。消火器も持てるようになりましょう」などとメタファー（比喩）を交えて伝え、易怒性の状態と対処策を一緒に考えていきます。

> 相談支援の現場から——事例①「いつもモヤモヤ、イライラしてるんだ」
> 　社会的トラブルを起こしてしまう当事者の語りからは「いつもモヤモヤ、イライラしている」様子がうかがえ、その原因として「いままでできていたことがうまく

できなくなった」「友人が少なくなってしまった」ことなどから、不安や困惑状態のストレスもあり、ささいなきっかけが引き金となって暴言・暴力に発展しているようでした（その人は街中でマナー違反をしている人を見ると許せず、ついつい強く注意してしまい、トラブルになっていました）。

また、「あとから考えるとしまった！と思う。そこまでしなくてもよかった、と。日ごろから愚痴の言い合える仲間がいれば、そこまでキレることはなかったと思う」と話していました。障害特性とともに本人の孤立感も感じられた事例でした。

❸ 支援の基本的な考え方

1）社会適応モデル

前項でも述べたように、高次脳機能障害によって起こる後遺症には多彩なものがあります。とりわけ認知や行動の障害は外見からはわかりにくく、周囲から理解されにくいだけでなく、高次脳機能障害のある本人も認知機能の低下により自身の症状に気づきにくく、社会生活を送るうえでさまざまなトラブルが生じやすい状況にあるといえます。

このような認知や行動の障害に、本人や周囲がどのように対応すればトラブルを未然に防ぎ、うまく社会生活を送ることができるようになるか、そのプロセスを名古屋市総合リハビリテーションセンター（以下、名古屋リハ）で支援の基本として用いている図 2-2 の社会適応モデルに沿って説明します。このモデルは高次脳機能障害のある人の認知・行

図 2-2　社会適応モデル

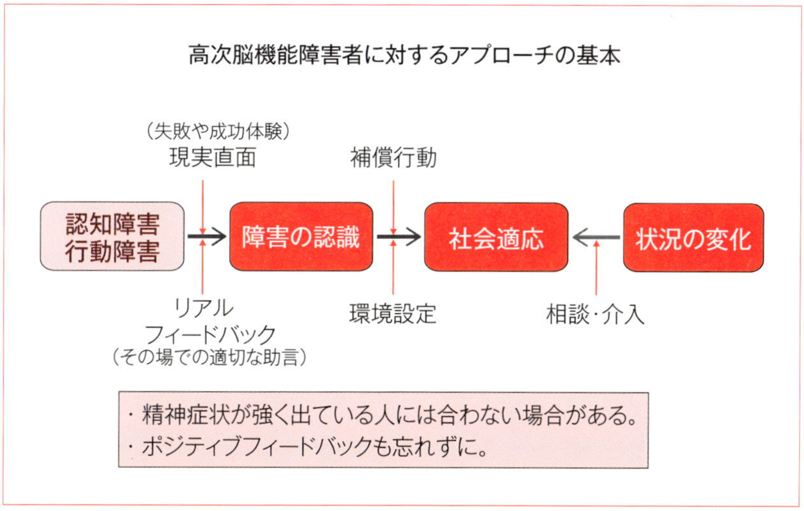

高次脳機能障害者に対するアプローチの基本

認知障害・行動障害 → 障害の認識 → 社会適応 ← 状況の変化

- 現実直面（失敗や成功体験）
- リアルフィードバック（その場での適切な助言）
- 補償行動
- 環境設定
- 相談・介入

- ・精神症状が強く出ている人には合わない場合がある。
- ・ポジティブフィードバックも忘れずに。

出典：永井肇監修・阿部順子編集『脳外傷者の社会生活を支援するリハビリテーション』中央法規出版，1999，p.35 を一部改変

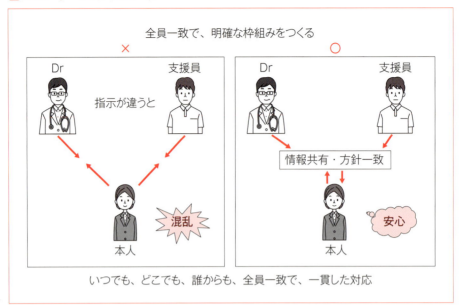

図2-3 チームアプローチ

動障害を明らかにし、障害の認識をすすめ、補償行動を身につけ、環境を調整することによって社会適応に至るプロセスを表したものです。これらの考え方は1999（平成11）年に出版した『脳外傷者の社会生活を支援するリハビリテーション』にまとめて記載されています。それから十数年経過した現在でも名古屋リハにおける高次脳機能障害支援の基本としてスタッフが共通して大切にしているものです。

　高次脳機能障害のある人の認知・行動障害は目に見えにくいものです。現実に困難な事態に直面したときに初めて障害として立ち現れてきます。そのときに支援者が即（リアルタイム）、客観的事実を示し（リアリティ）、とるべき行動を示唆するアプローチを「リアルフィードバック」と呼んでいます。リアルフィードバックを繰り返すことで、障害の認識を促進し、補償行動を身につけるようにはたらきかけていきます。しかし、高次脳機能障害のある人自身の努力だけでは、現実に直面しただけでその失敗から本質を学ぶことは難しいことも、支援者として理解しておくことが必要です。失敗から学ぶためには、その失敗の原因と結果の関係を把握する、先を見通す、というようなまさしく高次の認知機能を必要とするため、当事者にとっては最も苦手な部分であり、適時丁寧な説明などの十分な支援が望まれます。また、能力に見合った環境を設定し、安定して行動できるように配慮することも重要です。さらにかかわるスタッフが情報を共有し、一致したアプローチをしなければ高次脳機能障害のある人は混乱してしまうことがあります。そのため「社会適応モデル」に基づいた全員一致のチームアプローチが必要になります（図2-3）。適応的な行動がとれるようになり社会生活に戻った後も、状況の変化に応じて相談支援や介入をし、長期的に支援していきます。

2）障害の認識をすすめる

　高次脳機能障害のある人は自身の努力だけでは、自分の障害を認識することが難しいことは先にも述べました。自己認識ができていないと、さまざまなトラブルや失敗が自分の認知・行動障害によって引き起こされることが理解されないため、障害を補う手立てを身につけたり、周囲の支援を受け入れたりすることが難しくなり、時には他罰的になるなど、自己に目を向けることができにくくなります。

　自己認識の進んでいく過程について、図2-4のように全く気づいていないレベルから知的に理解し、体験を通して具体的に認識するレベルへと進めるようにアプローチしていきます[4]。自分の障害について実感をもって認識するようになると、意識して補償行動をとろうとします。しかし、知的に理解しているレベルに留まると、一見理解しているように見えるけれども、行動が伴わないばかりか、言い訳（「知性化」という防衛機制）が多くなったりし、かえって周囲と摩擦を起こしてしまうような事態も生じます。

　支援者側として、目の前の高次脳機能障害のある人が、いまどのような段階であるのかを推測し、適切な介入を図ることが重要です。

> **相談支援の現場から──事例②「就労移行支援はいじわる？」**
>
> 　名古屋リハの就労移行支援サービスの利用者が利用開始後、1〜2か月経つと支援コーディネーターのもとを訪れ、おもむろに「ちょっと聞いてよ。就労移行支援では、私がミスするようにわざとやっかいな仕事をさせてない？　かなり指摘されて腹立たしい！　なんとかしてよ」などと訴える人をちらほらみかけます。しかし、そこを乗り越え、訓練も半年以上経過し終盤になってくると「あのとき、就労支援員や職業指導員に指摘されたことが、最近少しわかってきた。結果的にそのことが今の就職活動にとても役立ち、今は感謝している」と発言内容が変わってくる人も多いです。少しずつ時間をかけて、体験的に課題に気づいた事例といえます。

図2-4　障害の認識をすすめる

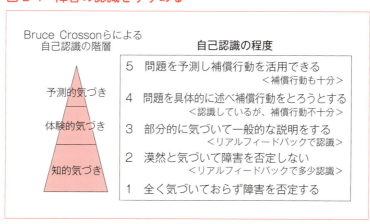

出典：永井肇監修・阿部順子編集『脳外傷者の社会生活を支援するリハビリテーション』中央法規出版，1999，p.38を一部改変

3）補償行動を身につける

　リハビリテーションでは、低下した能力を回復させるさまざまな訓練を実施しますが、その内容は知能や高次脳機能の改善にかかわる学習から、社会的に望ましい行動や常識的な判断の獲得などにも及びます。認知機能自体の改善が望まれますが、必ずしも以前のようには記憶や注意、思考・判断などができない状況では、以前とは異なる対処方法を身につけて社会適応を図っていく必要があります。これらの対処方法を「補償行動」と呼んでいます。

　例えば、記憶障害のために、自分がどこで何をしたか、またいつどこで何をしたらよいのかがわからなくなり、混乱してしまうような場合には、メモを取ることを習慣づけたり、1日の活動予定をスケジュールボードに書き込んだりします。

　また、不注意で頻繁にミスを重ねてしまう場合には、一つずつ順番に処理したり、何度か見直しをしたりするようにします。自分からメモを取ったり、見直しをしたりすることなどを「補償行動を身につける」といいます。また、自分だけで対処することが難しい場合には、支援者が作成した日課表などを用い、必要に応じ開始や終了時の声かけや行動の促しなどを行うといった環境側を整えることで、徐々に補償行動を身につけていく場合もあります。

4）環境を調整、構造化する

　前項❷「4）社会的行動障害」の症状説明でも述べましたが、高次脳機能障害のある人は経験的な知識をうまく使って置かれた環境からの情報に含まれる規則性や意味を発見したり、原因と結果を結びつけて理解、予測したりすることが苦手です。彼らが環境の変化に困惑しないようにするためには、環境からの情報の意味や規則性、関係などを明確に提示することが有効です。このようにわかりやすい環境をつくることを「構造化」と呼びます。具体的には、行動のポイントを文字に書いたり、図示したり、流れ図にしたりするなど目に見えるかたちにする「見える化」や単純化したりすることをいいます。説明や指示を明確にし、指示を出す人を決めると対応しやすくなります。自分がどこにいて、今何をすればよいか、次に何をどのようにすればよいかがわかっていると、安心して行動することができるようになります。スケジュールの決まった規則的な生活のほうが、不安や混乱が生じず、情緒的にも安定することがあります。

5）医療―福祉―社会生活のシームレスな支援

　名古屋リハでは、図2-5 のような標準プログラムを用いた相談から社会復帰までの支援を行っています。これは「高次脳機能障害支援モデル事業」で作成された高次脳機能障害・標準的訓練プログラムのもとにもなっています。

図2-5 標準プログラム

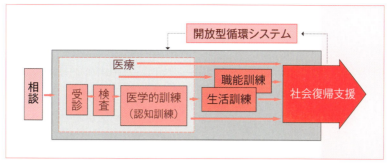

出典：名古屋市総合リハビリテーションセンター高次脳機能障害支援課作成「ご存知ですか？高次脳機能障害」パンフレットを一部改変

　病院での認知障害の評価や認知リハビリテーション後、生活課題が残っているなどで、すぐには職業復帰が難しい場合には生活訓練（自立訓練：機能訓練・生活訓練）や職能訓練（就労移行支援）といった福祉サービスを利用しながら社会復帰を目指します。支援は医学的訓練（認知訓練）、生活訓練・職能訓練を経て社会復帰に至るプロセスをたどります。また、いったん社会復帰した後も問題が生じたり、ステップアップの希望があったりする場合等には、再度、必要な段階からフォローアップをしていきます。このシステムを「開放型循環システム」と呼んでいます。

　主治医による神経心理学的検査などの評価結果や病状説明により「知的気づき」を得る高次脳機能障害のある人も多くいるようです。しかし、「体験的気づき」が充分に得られないまま社会復帰される場合もあり、そのような人にあっては残念ながら短期間で離職してしまう等のドロップアウトを余儀なくされることも少なくありません。職場など実社会においては体験に対する「リアルフィードバック」を受けにくい環境が、その要因と考えられます。適切な「リアルフィードバック」が受けられる環境での経験の積み重ねが可能な場、それは自立訓練や就労支援などの訓練の場であり、かつ、実社会のシミュレーションの場であると考えています。

　それらのシミュレーションを通して体験の積み上げになるとともに「周囲の支援者などからのアドバイスを受け入れることができる」状態になっていれば、たとえ自己の高次脳機能障害についての正確な把握や適切な行動が充分でなくとも、大きなトラブルを回避でき社会適応しているケースも少なからずあります。

　高次脳機能障害のある人が社会復帰や社会参加を継続するためには、環境の変化に対して常に対応できるよう、本人、家族、地域支援機関・事業所などと連携した長期にわたる支援が必要です。

相談支援の現場から──事例③「その涙の本当の意味は？」

　支援コーディネーターは、原則、患者さんの評価結果や病状説明について受診時に同席して一緒に状況を確認しています。Aさん（女性、30代）は、自動車運転中の交通事故で受傷されましたが、手足の麻痺などなく、会話も問題ないため、退院後すぐに職場に復帰しました。

　しかし、仕事中のミスが頻発し、同時に複数の仕事を進められない、段取りが悪くなり仕事に時間がかかり、同僚や上司から指摘されることが増えました。それでも、もともと努力家のAさんは今まで以上に頑張りましたが、やがて疲れ果て、仕事に行けなくなりました。そのタイミングで名古屋リハに自ら相談の電話を入れ受診につながりました。検査の結果から、注意障害や記憶障害が認められ、主治医から「日常生活上では問題ないかもしれませんが、仕事では求められるものの水準が高まります。職場復帰されてから、かなりご苦労なさったのではないですか？」と言われました。Aさんは黙って話を聞きながら涙ぐみ「やっぱりそうだったんだ。だから何回やっても、頑張っても、うまくいかなかったんだ……」と小声で話しました。受診後、涙が止まらないAさんを気遣い、声をかけると「大丈夫です。この涙は原因がはっきりわかってホッとしているからなんです。自分の努力不足とか、そんなんじゃなかったみたい」と自分自身を責めてきた思いから解放された表情でした。その後、Aさんは名古屋リハの認知訓練を受け、就労に向けて準備しているところです。

　高次脳機能障害の診断・評価の重要性と、受傷から社会復帰までのシームレスな支援について地域医療機関とも連携を図る必要性を感じた事例でした。

相談支援の現場から──事例④「チームカンファレンスの注意点」

　支援コーディネーターとして、県内関係者からの依頼に基づき、高次脳機能障害の研修会、勉強会に出向くことがあります。近年の傾向として「一般的な高次脳機能障害の講習よりも、実際に対応がうまくできず困っているケースの事例検討会に来てほしい」との希望が増えてきています。内容は、社会的行動障害にかかわる「セクハラ」「暴言」「暴力」等への対応についての相談が多く、支援者が対応に疲弊している場合もあります。また、サービス提供事業所内のみでなく、支援にかかわっている関係機関・事業所等の職員もすぐに改善されない問題について各々がストレスを抱えていることもあります。このような状態のときには、支援コーディネーターとして高次脳機能障害の特性や支援の基本を伝える前に、「チームカンファレンスの注意点」[5]を意識し、確認しながら事例検討に入っています（表2-2）。

高次脳機能障害による問題解決や課題改善がうまく進まないとき、カンファレンスの場で、「この部分はよく調べているの！確認しているの！」「どんな方針でやるつもりなの！」「ちゃんと本人、家族に説明しているの！」など、事例提供者に対して知らず知らずに不全感をぶつけてしまう場面に出くわすこともあります。地域のサービス提供事業所は高次脳機能障害に特化したところは稀で、そのほとんどはさまざまな障害のある人を支援している事業所であり、最初から高次脳機能障害にかかわる充分な知識や情報等をもっているとは限りません。そのような状況のなかで、柔軟な対応や手立てを講じてもらっていることをまずは労い、そのうえで高次脳機能障害にかかわる支援の基本について伝えることで、実際的な連携を図れるように心がけています。

表 2-2　チームカンファレンスにおいて行うべきでない注意点

① 事例提供者の不備を責めること
　まだわかっていない範囲をあきらかにすることは大切だが、当面はわかっている部分を深めることに集中したい。わからない不全感を事例提供者にぶつけても実りがない。また、たとえ批判するにしても、批判の対象は方法論であって人ではない。
② その場にいない人や機関を悪者にすること
　それぞれの機関や専門家にはそれぞれの言い分があるのに、情報がないまま批判の対象とすることで、問題の解決とすりかえてしまうことがよく起こる。現在得ている情報で最大限の工夫をするべきであり、必要な情報はあらためて別の機会に確認する。
③ 納得しないまま「お説拝聴」をすること
　カンファレンスは1人の権威者の意見を聞く場ではない。参加者すべてがもっている情報と意見を交換する場である。人の意見を聞く努力、自分の意見を言う努力が、すべての参加者の義務である。
④ 記者や裁判官のように真実を追究すること
　カンファレンスは、真実の追究よりも実務的に支援を組み立てることに目的がある。カンファレンスは原因追究の場であるよりも問題解決の場である。因果関係の真実は後になって判明する。
⑤ 結論がでないまま終了すること
　議論のしっぱなしであってはならない。最後に、とりあえずの行動計画を定め、カンファレンスの成果を確認することが大切である。

出典：野中猛『ケアマネジメント実践のコツ』筒井書房，2001，p.87.

制度等からみる高次脳機能障害者支援のとらえ方

1 障害者総合支援法における支援

1）都道府県が行う地域生活支援事業

都道府県は、専門性の高い相談支援事業や広域的な対応が必要な事業を必須事業として実施しており、その一つとして「高次脳機能障害及びその関連障害に対する支援普及事業」があります。

「高次脳機能障害及びその関連障害に対する支援普及事業」は、高次脳機能障害のある人への「専門的な相談支援」「市区町村や関係機関等とのネットワークづくり」「高次脳機能障害の理解及び支援手法等の普及を目的とした研修会等」を行うことにより、高次脳機能障害のある人への支援体制の確立を図ることを目的としています。そのため、高次脳機能障害支援拠点機関を置き、専門的な相談支援を行う支援コーディネーター▸Word を配置しています。

2）障害者総合支援法における相談支援事業

障害のある人が自立した日常生活または社会生活を営むことができるよう、障害者総合支援法において身近な市町村を中心として、以下の相談支援事業が実施されています。

1 指定特定相談支援事業

【計画相談支援】

障害福祉サービスを利用するにあたって本人や家族等の希望や状態の把握を通し、サービス提供事業者等との連絡調整を行い、サービス等利用計画案の作成を行います。また、支給決定されたサービス等の利用状況の検証（モニタリング）を行い、継続的に支援します。

Word　支援コーディネーター

各都道府県に1か所以上ある高次脳機能障害支援拠点機関に配置される高次脳機能障害専門の「支援コーディネーター」は、高次脳機能障害のある人や家族の相談支援はもとより、当事者の地域生活や就労等、社会復帰支援にかかわる機関や事業所等（相談支援事業所、福祉サービス提供事業所）からの相談についても対応し、連携を図っています。

【基本相談支援】

　障害のある人や家族等からのさまざまな困りごと等について相談に応じ、情報提供および助言などを行います。

2　指定一般相談支援事業

【地域相談支援】

・地域移行支援：入所施設や精神科病院等から退所・退院にあたって支援が必要な人に地域移行計画の作成、相談による不安解消、外出への同行支援、住居の確保など地域生活への移行に必要な調整を行います。
・地域定着支援：居宅において単身で生活している障害のある人を対象に常時の連絡体制を確保し、緊急時には必要な支援を行います。

【基本相談支援】

　障害のある人や家族等からのさまざまな困りごと等について相談に応じ、情報提供および助言などを行います。

3　地域生活支援事業の相談支援事業

　障害のある人、その保護者、介護者などからの相談に応じ、必要な情報提供等の支援を行うとともに虐待の防止や権利擁護のために必要な援助を行います。また、(自立支援)協議会を設置し、地域の相談支援体制やネットワークの構築を行います。

　市町村によっては、基幹相談支援センターを設置し、地域における相談支援の中核的役割を担う機関として、総合的な相談業務の実施や地域支援体制強化の取組み等を行っています。

　いうまでもなく、高次脳機能障害のある人や家族等からのさまざまな相談や、福祉サービスの利用にかかわる情報提供や利用援助なども行っています。注意点としては、本人や家族も困りごとはあっても、最初からその原因が高次脳機能障害の影響であると感じている場合ばかりではなく、また相談支援事業者側も面談等で充分な情報が得られない場合、高次脳機能障害とは気づかず、ほかの疾患等が原因と考え支援を組み立てようとしてしまうケースがあることです。「脳の器質的病変の原因となる事故による受傷や疾病の発症の事実」があるか、日常生活や社会生活での困りごとが高次脳機能障害と思われる症状と重なっているか等をまずは相互に確認することが重要です。高次脳機能障害の診断が出ていない場合等は各都道府県に設置されている高次脳機能障害支援拠点機関に相談し、支援者間での役割分担などの連携を図ることが必要になってきます。

相談支援の現場から――事例⑤「高次脳機能障害のある人の相談は多い？ 少ない？」

　高次脳機能障害のある人の人数はどれくらいなのでしょうか。「高次脳機能障害支援モデル事業」において国立障害者リハビリテーションセンターが大阪府と広島県の調査をもとにして算出した推定値では、全国に「約27万人」、生産年齢層といわれる18歳以上65歳未満は「約7万人」とされています[6]。

　この数字からみると、地域の相談支援事業所が高次脳機能障害のある人の相談を受ける機会は多いと考えられますが、実際はどうなのでしょうか。茨城県の支援拠点機関である茨城県立リハビリテーションセンターが2013（平成25）年12月から2014（平成26）年1月にかけて県内110か所の特定相談支援事業所に調査を行ったところ、サービス等利用計画の高次脳機能障害にかかわる作成割合は全体の2%でした[7]。また、福井県の支援拠点機関（福井県高次脳機能障害支援センター）が2016（平成28）年1月に県内57か所の相談支援事業所に調査を行ったところ、高次脳機能障害の支援経験の回答は、支援経験「あり」が61%、「なし」が39%であったものの、支援経験人数は1〜5人が25事業所（35事業所中）と大半を占め、支援経験はあるけれども支援経験人数は少なく、その大半は高次脳機能障害の症例を通した支援手法の積み上げや定着が難しい現状が予測されました[8]。

　支援コーディネーターの日々の電話相談からも、時折、受傷後数年から数十年経過している人の相談もあり、内容を聞くと「ミスやトラブルが多く、人間関係が悪くなるたびに仕事を辞めては新しい仕事に就き、また同じ問題で辞めて……を繰り返してきました。ほとほと疲れました」等と話す人も少なくありません。先にも述べましたが、高次脳機能障害のある人は外見ではわかりにくく、また軽症の人は受傷前に獲得されたものはそれほど失われていないこともあり「問題なく働ける」と本人も周囲も思い、結果、離転職を長年繰り返しているパターンが散見されます。それらのケースでは、相談支援事業所への相談や、福祉サービス利用につながっていないことが多く、相談につながったとしても対応如何では途切れてしまうことがあるため、高次脳機能障害が原因で社会生活に支障を来している人および支援が必要な潜在的ニーズは一定数あると考えます。

　医療機関、福祉関係機関などで高次脳機能障害のある人の見落としをなくし、受傷後早期の支援が開始できるよう、関係機関との情報交換や高次脳機能障害にかかわる研修会の開催など、普及にかかわる取組みの継続が求められます。

2 障害者手帳

　高次脳機能障害のある人は、初診日から6か月が経過すると「精神障害者保健福祉手帳」（1級～3級）を申請することができます。申請には「診断書（精神障害者保健福祉手帳用）」が必要になります。また、すでに高次脳機能障害により精神の障害年金を受給している人は、年金証書の写し等、必要な書類を提出することで、障害年金の等級と同じ等級の精神障害者保健福祉手帳が交付されます。

　手帳の取得により、福祉サービスの利用や社会参加の促進にかかわる支援、公共料金等の減免、各種手当などが活用できます。市町村により独自の制度を設けているため、詳細は市町村の窓口で確認してください。なお、精神障害者保健福祉手帳は2年ごとに更新の手続きが必要です。

1）診断書（精神障害者保健福祉手帳用）の記載内容について

　診断書の主な内容は図2-6のようになっており、医師が記載します。受診の際に、本人のみでは十分に伝えられない場合、家族や支援者が正確な情報（特に生活能力の状態）を医師に伝えることが重要です。以下に、図2-6から抜粋した①病名、③発病から現在までの病歴および治療の経過、内容、⑥生活能力の状態について説明します。

図2-6　診断書に記載する内容

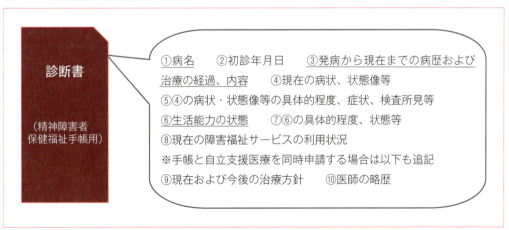

「①　病名」

　高次脳機能障害はICD-10（国際疾病分類第10版）「精神および行動の障害」（F00 – 99）のなかの、次のF04、F06、F07に含まれる疾病を原因疾患にもつ人が、高次脳機能障害診断基準の対象になります（図2-7）。

F04	器質性健忘症候群、アルコールその他の精神作用物質によらないもの（記憶障害が主体となる病態を呈する症状）
F06	脳の損傷および機能不全ならびに身体疾患によるその他の精神障害（記憶障害が主体でない症例、遂行機能障害、注意障害が主体となる病態を呈する症例）
F07	脳の疾患、損傷および機能不全による人格および行動の障害（人格や行動の障害が主体となる病態を呈する症例）

図 2-7　高次脳機能障害の原因となる主な疾患

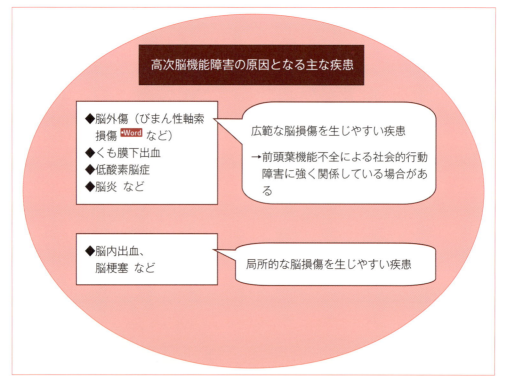

「③　発病から現在までの病歴および治療の経過、内容」

　高次脳機能障害の場合は、発症の原因となった疾患の発症日の記載とともに、発症から現在に至る治療経過のほか、日常生活面、社会生活面での症状にかかわるエピソードについても聴き取りがあるため、本人、家族は正確な情報を医師に伝えられるよう準備しておきましょう。

Word　びまん性軸索損傷

「びまん性」とは聞き慣れない言葉だが「広くまんべんなく」という意味をさす。交通事故など受傷時に、回転性の加速衝撃によって脳の神経線維が多発的に、またはいたるところで断裂した状態になる。重症度にもいろいろな程度があり、症状も多彩でCTやMRIを用いても異常がはっきりしないこともある。

「⑥ 生活能力の状態」

　判断にあたっては保護的環境でない場合（単身で生活するとしたら）を想定して判断することとなっています。高次脳機能障害のある人のなかには、自己の障害理解が難しい状況もあるため、家族や支援者が受診に同席するなどして主治医に具体的な生活状況および能力について伝えることが重要です。

　日常生活能力の判定欄は次に示す8項目があり、「自発的にできる」「自発的にできるが援助が必要」「援助があればできる」「できない」の4段階の判定になっています。

2）日常生活能力の判定の考え方と医師へのエピソードの伝え方

「(1) 適切な食事摂取」

　食事を摂る動作面だけでなく、「栄養のバランスを考え」「自ら準備」し「適量」を摂取できるかなどで判断されます。

◆例えば……

　「欲求コントロールの低下」により、大皿に盛ったおかずを全部食べてしまうため、本人分を取り分けておかなければならない。「固執性」が強くなり、ダイエットといって極端に食事を摂らない。または、体によいと思うと一定の偏った食品しか摂らないなど、このような状態は、何らかの「援助」が必要と考えられます。

「(2) 身辺の清潔保持および規則正しい生活」

　洗面や洗髪、入浴等の体の衛生や自室の清掃などの衛生が「保持」できるかなどで判断されます。

◆例えば……

　極端な節約等の「固執性」により、入浴や洗濯の回数を減らしてしまうため、家族が清潔保持を促す必要があったり、「遂行機能障害」により、部屋の掃除など段取りをつけられなくなり物の整理ができず、ごみが増え続ける場合など、このような状態は、何らかの「援助」が必要と考えられます。

「(3) 金銭管理と買い物」

　金銭を一人で適切に管理し、やりくりがほぼできるかや、一人で買い物ができ必要な品物を購入できるかなどで判断されます。

◆例えば……

　一人で買い物はできるが、「記憶障害」や「欲求コントロールの低下」により、買い置きがある物のことを忘れて買ってしまったり、激安や半額の表示を見ると不必要な物でも買ってしまうなど、このような状態は、何らかの「援助」が必要と考えられます。

「(4) 通院と服薬」

　定期受診や服薬を行い、病状等を主治医に伝えることができるかなどで判断されます。

◆例えば……

　毎日の服薬はできているが、「記憶障害」があるため、食事の前に家族がテーブルに置き服用を確認している状態や、「障害の自己認識」が十分でないため日常生活や社会生活でトラブルが発生している状態にもかかわらず、主治医の前では「問題ありません」と話してしまうなど、このような状態は、何らかの「援助」が必要と考えられます。

「(5) 他人との意思伝達・対人関係」
　他人の話を聞く、自分の意思を相手に伝える、集団的行動が行えるかなどで判断されます。

◆例えば……

　他人との会話自体は問題がなくても、「対人技能の拙劣」のため相手の気持ちになって会話することができないため、結果として対人関係が築けず職場や学校で孤立してしまうなど、このような状態は、何らかの「援助」が必要と考えられます。

「(6) 身辺の安全保持・危機対応」
　事故等の危険から身を守る能力がある、通常と異なる事態となったときに他人に援助を求めるなどを含めて、適正に対応することができるか等で判断されます。

◆例えば……

　物事を関連づけて考えたり、その場の状況を判断して行動することが苦手になる「遂行機能障害」や、ほしいと思うと我慢ができにくくなる「欲求コントロール低下」等により、訪問販売やキャッチセールスなどで高額な商品でも安易に契約してしまうこともあります。このような状態は、何らかの「援助」が必要と考えられます。

「(7) 社会的手続きや公共施設の利用」
　公共施設や公共交通機関が適切に利用できるか、銀行での金銭の出し入れや、社会生活に必要な手続きが行えるかなどで判断されます。

◆例えば……

　一人で電車に乗って図書館を利用できるからといって、全く問題がないとはいえません。社会生活に必要な手続きや書類の作成等が「記憶障害」や「注意障害」「遂行機能障害」により期限内に処理できなかったり、期限自体を忘れていたり、ミスが多くて再提出を求められたりするなどのケースもあります。このような状態は、何らかの「援助」が必要と考えられます。

「(8) 趣味、娯楽への関心及び文化的社会活動への参加」
　受傷前の個々の生活状況などを確認しながら、現在の状況と比べて判断されます。

◆例えば……

　活動的で多趣味であったが、「意欲・発動性の低下」から受傷後は趣味等に関心がなくなり、自宅にこもりがちになっている場合など、このような状態は、何らかの「援助」が必要と考えられます。

3）高次脳機能障害のある人（身体障害重複も含む）の手帳取得状況

　日本脳外傷友の会が、所属する団体や関連支援団体、一部支援機関も含め行った全国的な調査[8]では、回答者1517人中8割強の1409人が、何らかの手帳を所持していることがわかりました。内訳は取得が多い順で、身体障害者手帳（55.3％）、精神障害者保健福祉手帳（43.3％）、療育手帳（5.5％）であり、身体障害者手帳は受傷・発症後1年以内に取得していることが多い一方、精神障害者保健福祉手帳は受傷・発症後3年目以降に取得した人が多く、理由として医療機関や相談機関から適切な情報や支援が得られなかったことと、本人や家族自身に手帳を持つことに対する抵抗感があったと報告されています。

図2-8　三障害との関係

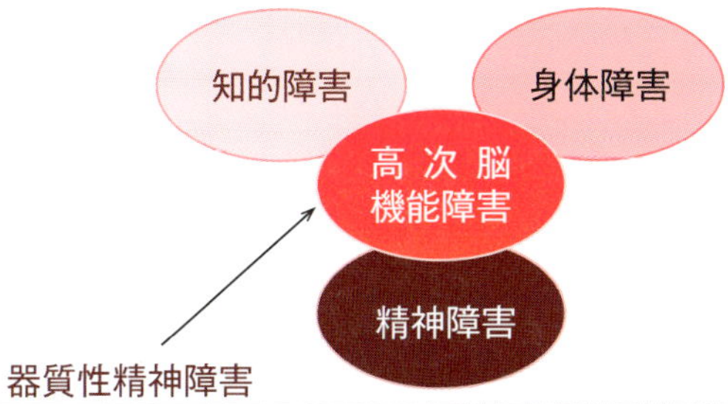

知的障害　　身体障害
高次脳機能障害
精神障害
器質性精神障害

[ICD-10：国際疾病分類第10版]
「精神および行動の障害」（F00-F99）のなかで、F04、F06、F07に含まれる疾病を原因疾患にもつ人が、高次脳機能障害診断基準の対象となる。

③ 障害年金

　障害の原因となる傷病によって初めて医師の診断を受けた日から1年6か月を経過すると障害年金が申請できます（20歳前の受傷、発症により障害の状態にある人は、20歳に到達した日に申請）。

　障害年金には「障害基礎年金」（国民年金法）と「障害厚生年金」（厚生年金保険法）があり、国民年金加入中の受傷、発症により障害の状態にある人は「障害基礎年金」の対象となり、厚生年金加入中の受傷、発症により障害の状態にある人は「障害厚生年金」の対象となります。また、障害者手帳制度のように、身体障害者手帳や精神障害者保健福祉手帳というそれぞれ障害種別ごとの認定ではなく、肢体の障害や精神の障害などの障害程度の等級を併合して等級を決めています。

　高次脳機能障害のある人の申請には「診断書（精神の障害用）」が必要になります。ここでも、前述の障害者手帳の申請でもふれたように、受診の際には医師に対して障害の状

態にかかわる正確な情報提供をすることがポイントです。

　特に「日常生活能力の判定」欄は精神障害者保健福祉手帳の内容とほぼ同じ（手帳は8項目4段階、年金は7項目4段階）であるため、前項❷「2）日常生活能力の判定の考え方と医師へのエピソードの伝え方」を参考に、具体的な日常生活状況を伝えることが重要であると考えます。また、障害年金（精神の障害）の認定の地域差改善に向けた対応として、厚生労働省において「国民年金・厚生年金保険　精神の障害に係る等級判定ガイドライン」等が策定され、2016（平成28）年9月から実施されています。詳細は、厚生労働省ホームページを確認ください。

　その他にも、医療保険制度、障害者総合支援法による高次脳機能障害者施策、介護保険制度、労働者災害補償保険制度、自動車損害賠償責任保険、成年後見制度ならびに日常生活自立支援事業など高次脳機能障害のある人の受傷原因や障害特性等に関連する社会制度はたくさんありますが、本章では「高次脳機能障害者支援についての基本的な理解」を目的としているため、制度説明自体よりも、見えにくい障害のとらえ方について地域支援にかかわる関係者間での理解、伝達、連携の一助となるよう「精神障害者保健福祉手帳」の診断書の例を中心に、できるだけ具体的に説明しました。

　現在、名古屋リハでの課題の一つとして、家族の高齢化等により単身生活化してしまう場合など、地域生活継続に必要な支援体制が充分でない高次脳機能障害のある人の増加があげられます。

　地域の相談支援事業者を中心に、多くの支援関係者に高次脳機能障害について理解を促し、時には本人の代弁者になり地域生活を支えてもらえるよう、支援コーディネーターとしてもさらなる連携を図っていきたいと考えています。

参考文献
1) 厚生労働省社会・援護局障害保健福祉部・国立障害者リハビリテーションセンター「高次脳機能障害者支援の手引き（改訂第2版）」, 2008, p.2.
2) 阿部順子編『高次脳機能障害の方に上手に伝わる説明テクニック集』（一般社団法人日本損害保険協会　自賠責保険運用益拠出事業）日本脳外傷友の会, 2013.
3) 坂爪一幸「遂行機能障害，記憶障害の認知リハビリテーションにおける学習理論の役割──馴化型・予測型・制御型学習の困難を例として」『認知リハビリテーション』第3巻第2号, 1998, pp.2-13.
4) 永井肇監修・阿部順子編『脳外傷者の社会生活を支援するリハビリテーション』中央法規出版, 1999.
5) 野中猛編『ケアマネジメント実践のコツ』筒井書房, 2008.
6) 中島八十一・寺島彰編『高次脳機能障害ハンドブック──診断・評価から自立支援まで』医学書院, 2006, p.3.
7) 国立障害者リハビリテーションセンター企画・情報部「平成26年度第2回高次脳機能障害支援コー

ディネーター全国会議資料」，2014.
8）NPO法人日本脳外傷友の会「高次脳機能障害者生活実態調査報告書」，2009.

第 **3** 章

高次脳機能障害の
ある人の生活を
支援する基本

第1節　生活上の課題と対応

　高次脳機能障害の四つの主要症状（記憶障害、注意障害、遂行機能障害、社会的行動障害）については、その症状の程度は各々であり、さらに、その人のこれまでの経験や生活歴も影響するため、現れ方はさまざまです。また、四つの主要症状のうち、どれか一つが障害として現れる人もいれば、主要症状のみならず、いくつかの症状が重複して現れる人もおり、表面化する課題は個人により異なります。本章では、高次脳機能障害が生活上でどのように現れ、どのようにその障害を分析し、対処法を検討していくのか、具体例をもとに説明します。

1　支援プロセス

　具体例に入る前に、生活課題の問題解決に至るまでの支援のプロセスを説明します（**図3-1**）。まず、解決したい課題が出てきたら、アセスメント→プランニング→実施→モニタリング→アセスメント……を繰り返しながら解決を図ります。

　「アセスメント」では、苦手な部分やできていない部分だけではなく、その人の生活歴や職歴、家族関係、趣味、性格なども貴重な情報になります。障害を負っても、「住み慣れた自宅であれば、起床後の洗面から歯磨きなどの整容の流れは一人でできる」「仕事で手帳を使用しており、今も手帳を携帯する習慣がある」「困ったらスマートフォンで調べる習慣があり、今もスマートフォンをよく見ている」など、これまでの生活習慣や行動パターンが保たれている人もいます。そういった「今できていること」を観察する既存の情報から、「今後できる可能性のあるもの」を予測するという作業が支援の手がかりとなります。また、生活を組み立てるうえで、障害者手帳や年金受給の有無、医療関連などの情報もどのようなサービスが使え経済的な余裕がどの程度か、健康管理において欠かせない支援は何かなどを検討できるため、重要な情報です。次に、解決したい課題を行っている場面を観察します。ここでも何ができていて、どこでつまずいているのかを確認します。

　「プランニング」では、アセスメントで整理した、生活全体のなかでできていること、習慣化されていることなど、本人ができている強みの部分や使えるツールを活かして、解決を図れないかを考えていきます。具体的なツールについては、本節第4項・第5項のなかで紹介します。このツールを活用する際、大切なのは本人に合った情報量で提示することです。例えば、指示書であれば、一度に読める文量、理解しやすい表記、見やすい形に

図 3-1　支援のプロセス

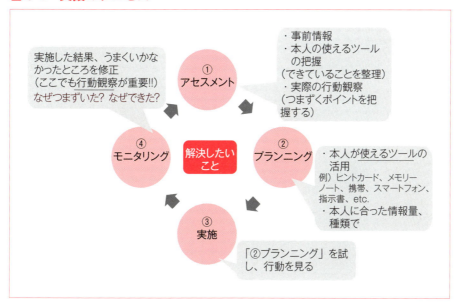

するなどです。「本人に合った」量がどの程度なのかは、一度に覚えられる量や見落としがどの程度あるのか、文字情報と図や写真などの視覚情報のどちらが認識しやすいかなど、実施→モニタリングのなかで検証していくことになります。病院で高次脳機能障害の検査を受けている人であれば、その結果から、どのような情報・量が合っているのか、聞いてみるのも一つの方法です。

「実施」は、プランニングしたことを実施する過程ですが、検証過程も含むため、「モニタリング」と合わせて解説していきます。実施するときには、「どういう支援（ツール）でできたのか、できなかったのか」「プランのどこでつまずいたのか」を観察します。例えば、指示書を読めなかったのか、そもそも指示書を参照していなかったのか、などです。実施するなかで、「何を見ているのか」に着目することで、新たに使えるツールを発見することもあります。また、知らず知らずのうちに支援者の行動（声かけの内容、視線、動き）がヒントとなって行動していることもありますので、注意が必要です。

2　支援の視点

課題の解決に向けて支援をする際、念頭に置いてもらいたい三つのポイントがあります（図 3-2）。

一つめは、将来的な自立をイメージして支援をしていくこと、つまり、具体的に将来的に何ができることがゴールなのか、長期的な目標を視野に支援をしていくことです。例えば、「○○へ行く」という短期的な目標でなく、「今後、一人で行きたい場所に行けるよう

図 3-2　支援の段階

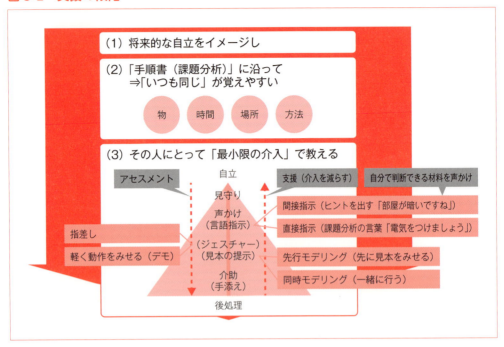

になる」という長期的なイメージ、「時間に合わせて行動できるようになる」という短期的な目標ではなく、「1日のスケジュールを自分で管理して行動できるようになる」という長期的なイメージです。

　二つめは、本人の使えるツールがわかったら、いつも同じ「物」「時間」「場所」「方法」で使用することです。新しい行動を獲得するときに般化しやすくなります。

　三つめは、最小限の介入で支援を行うことです。最小限というのは支援の介入量だけでなく、支援の中身も意味します。「自立」「見守り」「声かけ」「ジェスチャー」「介助」の順に介入の程度が増えていきます。完全に一人でできれば「自立」です。次にうまく行動ができているかどうかを「見守り」、できていなければ「声かけ」を行います。声かけにも、自分で判断できるようにヒントだけ伝える「間接指示」、直接してほしい内容を伝える「直接指示」があり、間接指示、直接指示の順に介入量が増えます。その次に「ジェスチャー」です。ジェスチャーには、支援者が先に見本をみせる「先行モデリング」と一緒に行う「同時モデリング」という二つのモデリング●Wordがあり、先行モデリング、同時モデリングの順に介入量が増えます。その次に「介助」です。支援者が直接手を添えて、行動を修正する方法です。

　アセスメントをする際には、現在どの程度の力があるのかを、段階を一つずつ下げながら確認していきます。支援をする際には、一つ上の段階を目指し、自立に向けてアプローチしていきます。一つ上の段階で行動を獲得できれば、もう一つ上の段階で解決できないかを検証します。難しければ、また一つ段階を下げて、行動獲得を目指すことになります。

このように、今はどの段階であり、次はどの段階を目指すのかを検証しながら、本人のもつ力を最大限に活かして支援していきます。

❸ 高次脳機能障害のある人の特性

　第2章でも述べたように、高次脳機能障害には、四つの主要症状（記憶障害、注意障害、遂行機能障害、社会的行動障害）がありますが、生活上で現れる課題にはある特性がみられます。それは、一つひとつの行為（日常生活動作）はできるものの、一連の行為、行動（手段的日常生活動作）が難しいことです（図3-3）。「日常生活動作（ADL）」とは、確認するポイントが少なかったり、管理の範囲が小さかったりするもので、具体的には、食事やトイレ、入浴などの身の回りの行為や、それ以外にルーチン化しやすい服薬管理、持ち物管理、時間管理、お小遣い程度の金銭管理なども含まれます。これらは、確認の範囲が小さく、高次脳機能障害が重度な人でも自立する可能性が高いのです。それに比べ、「手

図3-3　高次脳機能障害のある人の特性

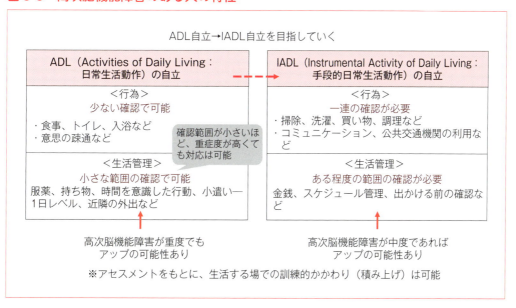

Word　モデリング

　バンデュラ（Bandura, A.）が提唱した社会的学習理論[1]。他者の行動を観察することにより、新しい行動パターンを習得する学習行動のこと。行動の結果を観察することで、行動が促進されたり、抑制されたりする効果がある。モデリングは、モデルの反応の際立った特徴に注目し、認知し、弁別するという注意過程、モデルの行動を象徴化して保持する保持過程、実際に行動に移す運動再生過程、行動を促進する動機づけ過程の四つの過程から成り立っている。

段的日常生活動作（IADL）」とは、手順が多いうえ、注意を払う対象も多く、確認の頻度も多いもので、具体的には、掃除、洗濯、買い物、調理、外出や一人暮らしのときなどの大きい範囲の金銭管理、1週間・1か月などのスケジュール管理、出かける前の準備（戸締り、火の管理、持ち物）などです。自分で状況を判断し、次の行動に移るといった連続した行動を求められるため、途中でつまずいてしまいがちです。どのポイントでつまずいているのかを探り、解決の手立てを本人にわかりやすい形で示し、行動の確立へ向けて何度か練習を積むことで、自立を目指すことができます。

❹ 生活上の課題の具体例

1）時間管理、スケジュール管理

　友人と外出したり、映画を見たり、仕事に行ったりと、時間を意識せずに生活するのは難しいといえるほど、時間管理は生活上必要な管理能力です。起床から就寝までの時間のなかでやるべきことをこなせるように、時間配分をする力も求められます。例えば、午前11時に友人と会う約束をしているのなら、「何時に家を出よう」→「そのためには何時までに起きて身支度が必要」と、時間を逆算して予定を立てると思います。もしもに備えて余裕をもった時間配分もしなければなりません。この時間の見積もりには、自分の行動時間の把握、見通しを立てる力、時間を意識しながら行動するという同時注意の力、時間が来たら次の行動に移るという注意の切り替えの力が必要です。記憶力低下により、やるべき行動がいくつかあると、次の行動を忘れてしまうこともあります。

　一つの物事に没頭してしまい、他のことをすっかり忘れてしまう場合には、アラームで注意喚起するのも方法の一つです。携帯電話のアラーム機能であれば、毎日定例の予定があればアラームを一度セットし、繰り返し設定すればよいのですが、その時々によってやることが異なると、毎度セットし直す必要が出てきます。予定が決まったら、アラームセットという行動の定着が必要です。いつまでに何をするという時間の見積もりができるか、その手順ができるかどうかも検証が必要です。これらの行動が難しければアラームをセットするという準備の支援が必要になります。

　毎日定例の予定（行動）が決まっている場合、メモリーノートを使うという方法もあります。メモリーノートとは、記憶を補償するためのノートで、スケジュールタイプ、To Doリストタイプ、日記帳タイプなど、様式は目的に合わせて、本人の力に合わせて、自由にアレンジできます。メモリーノートについては、後半で詳しく説明します。定例の予定をメモリーノートに記載しておき、チェックしながら予定をこなしていく方法です。To Doリストのようにチェックボックスタイプがいいのか、時間を明記したスケジュールタイプがいいのか、記載方法も検証していきます。

「何時に家を出よう」→「そのためには何時までに起きて身支度が必要」といった段取りが考えられない場合には、外出するときは「〇分前に〇〇する」「△分前に△△する」というリストを作成しておく方法があります。「仕事に行くとき」「事業所に行くとき」など、行き先ごとに、目的ごとに、リストを作成しておくことをおすすめします。

2）服薬管理

　病気や事故が原因となり、後遺症として高次脳機能障害を有する人のなかには、血圧コントロールや発作の管理などで服薬治療をしている人が多くいます。定期的に服薬するというのは非常に大切なのですが、記憶障害、注意障害により、それが難しくなる人もいます。「将来的な自立」は、「自宅で飲み忘れないように自己管理できる」ことです。自己管理に向けて、どのような方法があるのかを紹介します。

　飲み忘れてしまう、飲んだかどうかが思い出せない人には、カレンダー式のケースがおすすめです（図 3-4-Ⅰ）。曜日の理解ができている場合、飲んだかどうかが見て判断しやすいです。本人が目に付く場所にカレンダーを掛けておくこともポイントです。薬の飲み方が変わった場合（昼食後の薬がなくなったなど）、そのことが見てわかるように表示するといった工夫も必要です。薬袋に日付を入れる方法もありますが、少し手間がかかるかもしれません。いずれにしても、「見てわかるようにしておく」のです。また、1週間ごとに薬をセットすることができなければ、その支援が必要となります。

　飲み忘れはない、飲んだかどうかは覚えているが、うっかり朝食後薬と夕食後薬を取り間違えてしまうという人には、朝・夕（昼食後薬があれば昼も）と分けられるケースがおすすめです（図 3-4-Ⅱ）。それでも取り間違えてしまう人は、ケースや薬袋の朝・昼・夕の文字を色で囲むなど、注意喚起する方法もあります。ケースには1週間ずつセットし、自分でも残りの数が合っているかどうかを確認してもらいながら、飲み間違いがないかを管理していきます。1週間で問題なければ、2週間とセットの量を増やしていく人もいます。このセットも自分でやれるかを検証します。自分でセットする場合は何曜日がセット日なのかも覚えておかなければいけません。初めは、第三者に正しくセットできているかを確認してもらいながら、自分でセットできるように行動を定着させていきます。

　飲んだかどうかを忘れてしまう、飲み忘れがある人には、薬を飲んだ後の空袋を入れるケースを用意する方法も有効です（図 3-4-Ⅲ）。飲んだかどうかが記憶に残らなくても、空袋が証拠となります。また、そのケースを確認する習慣をつけることで、飲み忘れてしまった薬に気づくことができます。この場合、ケースを空にして、次の日を迎える必要がありますので、本人が片づける工程か、もしくは、片づける支援が必要です。

　薬があることを忘れてしまう場合には、食事のテーブルに「食後薬あり」などの注意喚起の張り紙が有効です（図 3-4-Ⅳ）。いつも座る席の視界に入る位置に、目立つ表記で記

図 3-4　服薬管理の方法の例

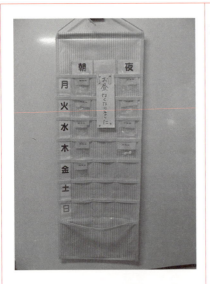

Ⅰ　カレンダー式のケース
薬を飲んだかどうかを忘れてしまう人には、飲んだ／飲んでいないが明確なカレンダー式がおすすめ。服薬に変更があれば、わかりやすく明記する。100円ショップや薬局で販売している。

Ⅱ　朝・夕と分けられるケース
朝、夕と飲み間違えてしまう人には、朝と夕を分けてセット。色の使い分けも注意喚起の一つ。

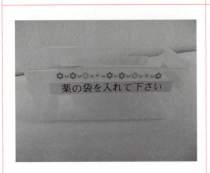

Ⅲ　空袋入れケース
薬を飲んだかを確認する方法の一つ。飲んだ後の空袋を入れておくケース。

Ⅳ　注意喚起
薬があることを忘れないように目に入る位置に注意喚起。

載します。

3）食事の準備

食事をするためにはまずは「調理をしよう」と考えますが、調理をするにはさまざまな判断が必要であり、難易度の高い生活技術の一つです。限られた時間のなかで複数の品をつくったり、調理の合間を縫って洗い物をしたりと手際よく作業を進める必要があり、段取りや同時処理といった高度な認知能力を要します。

図 3-5 は、食事の準備について工程順にポイントを示したものです。調理をする際は、冷蔵庫にある食材を見て、献立を考え、不足しているものを買い足し、調理に取りかかります。献立の立案にも、栄養バランスを考え、食事内容に偏りがないか、摂取カロリーが過多になっていないかなど、決定するための要素も多いです。そのため、食事の準備をする際に、どこまでできるようになることが目標なのか、その段階をアセスメントすることが必要になります。

図 3-6 は、食事の準備の難易度を整理したものです。一から調理すべてを行うことを目標とするにはハードルが高い場合、「一部調理」「炊飯のみ」「購入した弁当」というように、目標の階層を下げていきます。それぞれの階層ごとのポイントを明記していますので、どの段階を目指すことができるのかの判断の参考にしてみてください。

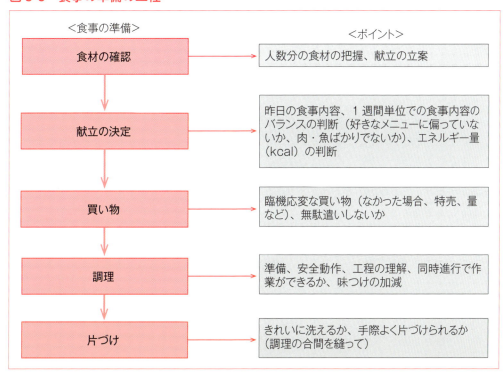

図 3-5　食事の準備の工程

図 3-6 食事の準備の階層

一部調理

　一部調理では、献立の立案の基準の明確化、レシピ作成のポイント、リスクの少ない調理方法の提案をします。ですが、献立の最終的な決定、決められた手順の順守など、本人の判断を求められる工程も多く、つくりすぎてしまったり、好みの味つけに偏ってしまったりという可能性もありますので、その自己判断が可能なレベルの人が対象となります。実際の調理場面を見ながら、調理に取りかかる前の献立の立案に悩んでしまうのか、調理の過程の手順が追えないのか、同時に複数品目の調理が難しいのか、味つけに迷うのかなど、どこで失敗するのかを観察し、そのポイントで自己判断の助けとなる情報を提示していきます。献立の立案で悩むのであれば、食材ごとのレシピを用意し、そのなかから選択する、月曜はパスタ、火曜は肉、水曜は魚など、曜日ごとにメイン料理を決めておくのも方法の一つです。手順が追えないのであれば、レシピの表記を一工程ずつ日めくり式にする、具体的な写真入りのレシピにするなど本人が読み進めることができるレシピをつくっていきます。携帯型ゲーム機のお料理ナビゲーションソフトには、食材ごとにレシピ検索ができる、切り方の説明がある、音声で手順を説明してくれる、一工程ずつ手順が表示される、必要な人数分の分量を自由に変更できるという機能があるため、活用している人もいます。本人に合ったレシピの表記は、次の＜外出＞のヒントカードの説明を参考にしてください。同時調理が難しいのであれば、2品、3品つくるなかで、同時にできる工程はひとまとまりにする（食材を切る、メニューごとに材料を分けておくなど）、複数品目の

表 3-1　同時調理するときのレシピ例

順番	炊飯	汁物	副菜
1	米を研ぐ		
2	炊飯ジャーのスイッチ ON		
3		すべての材料を切る（食材ごとの切り方も明確に）	
4		食材をメニューごとにバットに分ける（何に分けるのかを明確に）	
5		鍋でお湯を沸かす	
6		お湯が沸騰したら出汁を入れる	
7		食材 A を入れる	
8		○分経ったら、火を消す（時間も明確に）	
9		蓋をする	
10			フライパンで食材 B を○分炒める
11			フライパンに食材 C を入れて○分炒める
12			塩コショウを○回振り入れる（味付けも量を明確に）
13			味見をする
14		鍋を火にかけ、沸騰したら火を止める	
15	盛り付けをする		

　上記のようなレシピであれば、汁物や副菜の中身が変わっても、レシピの一部を変更するだけで全体の流れは変わらずに調理が可能である。

手順をパターン化する（炊飯→汁物→副菜のレシピが入ったものを作成）のも方法の一つです（**表 3-1**）。

炊飯のみ

　炊飯のみでは、おかずはスーパーマーケットやコンビニエンスストア、配食弁当で準備するので、調理の段取りやリスク管理が難しい人には適しています。この場合、おかずを選択できるため、好みに偏ってしまったり、熱量（エネルギー）が多くなり過ぎてしまったりすることもあり、選ぶ基準を明確にする必要もあります。例えば、肉と魚を交互に食べる、エネルギー量○○ kcal まで、この品のなかから選ぶ、といったルールです。スーパーマーケットやコンビニエンスストアに行くと、つい他の物も購入して食べてしまう人には、1 回につきいくらまでと金額を決めておくルールも必要です。本人が迷うところにルールを決めていきます。ご飯を多めに炊くとたくさん食べてしまう、1 回の量がわからない、

といった場合には、1回分ずつ入れられる保存容器を準備する、いつ炊いてよいか判断に迷う場合は、毎週〇曜日にご飯を炊くというルールを決めます。また、平日は仕事や日中活動などで忙しいので、土日のみ調理をするという決め方も方法の一つです。

購入した弁当

　購入した弁当（配食弁当やコンビニエンスストアの弁当）には栄養成分が表示されているので、栄養管理しやすいというメリットがあります。ここでも、何を選ぶのかという基準を明確にする必要があります。

　これまで述べたように、段階が上がるごとに、判断や確認が多くなるため、本人の迷うところや火の管理や刃物の扱いなど危険場面にルールや条件などの環境設定をしながら、どの段階で自己管理できるのかを見極めながら、各段階での自立を目指していきます。火の管理ができない場合には、火をつけたらタイマーをセットする、火がついている間はその場を離れないというルールを決めます。包丁の扱いが危ない場合には、キッチンばさみやスライサー、フードプロセッサーを活用できます。

4) 外出

　外出するには、目的地にたどり着くという力だけでなく、目的地を決め、ルートを選択し、時間を見積もって出発し、切符等を購入し、安全に目的地にたどり着く力が必要になります。また、電車の遅延など、イレギュラーなできごとがあったときに適切に対処する力も求められます。

　ルート検索では、インターネットや携帯電話でルート検索はできるものの、選定が大変です。出てきた候補のなかからどれを選んでよいかわからずに悩む、選んだはいいが料金の安さを優先したがために乗り換えが多くてアクセスしにくい、乗り換えに距離や時間がかかるなど、選び方一つで外出のしやすさが変わっていきます。その場合には、どのような基準で選んでいくのか、優先順位を決めるのも方法の一つです。乗り換えが不安な人は、乗り換えが少ないルートや乗り慣れたルート、毎日通うのであれば料金の安いルートなどです。本人が決めるための基準を提示し、どのルートが合っているかを考えていきます。本人に合わせて、選択式にしたり、一つの行き先につき一つのルートに絞ったりするなどの工夫もあります。また、迷ったら第三者に聞くというのも方法の一つです。このように、複数ある情報から適切な情報を選ぶという行為は、判断力や先を見通す認知能力が求められるため、高次脳機能障害の人は苦手なことが多いです。

　ルートが決まり、公共交通機関を利用することになった場合、乗り換えができずに一人で外出できないことがあります。乗り換えのどのポイントで困っているのか、看板を探せないのか、分岐点で迷うのか、そこを観察しながら探っていきます。乗り換え先の路線の看板が探せないのなら、どこまで視界に入っているのかなど、本人が見ているものを確認

します。そのうえで、目線の上の看板に気づかないのであれば、看板を確認するよう指示する、分岐点で迷うのであれば、「目印を見つけて曲がる」「分岐点は右」などわかりやすい指示を出します。目印なのか、左右なのかは、本人の覚えやすい方法で選択します。もし、何度実施しても看板を見る習慣が身につかなければ、看板ではない目印を探すことを考えます。このときも、本人が何を目印に行動しているのかを確認して、判断とする目印を探していきます。

駅にはたくさんの看板があり、そのなかから必要な情報を探し出すことが難しい人もいれば、一部の看板しか視界に入っておらず、全体に注意を払えない人もいます。どちらも注意力低下によるものですが、症状の現れ方は人それぞれなのです。

迷ったら、「メモにルートを書いて参照すればいい」と考えますが、このメモ（ヒントカードと呼ぶ）は読み返すことができて初めて意味をなします。ヒントカードを参照する習慣が身につくかどうかの検証をしてから、導入する必要があるのです。ヒントカードを参照する習慣化の一つが声かけです。本人が迷う場面があったら、「こっちだよ」と直接指示を出すのではなく、「ヒントカードを見ましょう」と間接指示を出します。これにより、困ったらヒントカードを参照するという習慣ができていきます。それでもなお、ヒントカードを参照することができなければ、ヒントカードでなく、別の手段を検討することになります。例えば、何度も繰り返し同じルートを通って練習するといった、体験して身につける方法です。

ヒントカードの中身も本人に合った情報を載せる必要があります。図 3-7 に一例を載せています。文字が理解しやすい場合、地図や絵などの視覚情報が理解しやすい場合、文字と写真（視覚情報）が理解しやすい場合と人によってさまざまです。ヒントカードに載せる情報量も、一度で読める量をひとまとまりにしていきます。一枚の紙にすべての手順が載っているヒントカードは、その1枚を持っていれば手順が追えるというメリットがあります。ですが、今どこの段階かがわからなくなってしまう人には一工程ごとの日めくり式が適しています。文章だと情報が多くて、その文のどこに注意をすればいいかわからなくなってしまう人もいれば、単語だけではそれを実際場面とどのように照合してよいか、どのように解釈していいのかがわからない人もいます。文字は読み飛ばしてしまうため、地図などの視覚情報のほうがマッチングしやすい人もいます。この場合、地図が読めること、ランドマークをヒントにできるほうが有効です。写真は実際場面と照合しやすいというメリットがある反面、いろいろな情報が写り込んでしまい、どこに注意していいかがわからないというデメリットもあります。どこを写真に収めるか、どの構図で撮るかも大切なポイントになってきます。このように、ヒントカードに載せる情報の特徴（どのような人が有効なのか）をつかんだうえで、本人が失敗するポイントに、本人に合わせた情報量を調整する必要があるのです。

図 3-7　ヒントカード

①文字のみ

〈リハセン→豊田市〉身体障害者手帳を持っています
料金：赤池までの半額 120 円を購入　→　赤池〜豊田市分を精算（460 円）

| リハビリセンター | → | 八事 | → | 豊田市 |

①八事方面　　　　　　　①赤池・豊田市方面
　　　　　　　　　　　　×伏見・上小田井・犬山方面

②文字＋写真

リハビリセンター（建物）→総合リハビリセンター駅

・玄関を出たら道路方面へ
・歩道に突き当たったら右に曲がる
　　　　　　※ポイント1

ポイント1

総合リハビリセンター駅

・階段でホームまで降りる
・ 2　新瑞橋・金山方面 の電車に乗る
　　　　※ポイント2

ポイント2

上を見て！

③文字＋地図（絵）

【帰り】目標地は【〇〇ハウス】

| 「▲▲」 | → | 「中村公園駅」乗車 | → | 高畑方面 | → | 「岩塚駅」下車 | → | 「〇〇ハウス」 |

＊〇〇ハウスに着いたら「そよ風」に電話
①番号を押す　　052-■■■■-■■■■
②通話ボタンを押す
③「□□です。今、▲▲から〇〇ハウスに帰りました。」

作業所「ジョブサポート▲▲」→ 寮「〇〇ハウス」

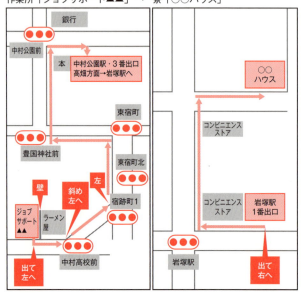

図 3-8 外出の段階

　このヒントカードですが、一度本人に合ったものができ上がると、外出場面に限らず、ほかの行動定着を図るツールにも応用することができ、行動の拡大につながります。例えば、文字情報＋写真で外出できるようになった人では、文字情報＋写真のレシピで調理ができる可能性が広がるのです。これが、本章の初めに述べた支援のポイントの二つめ「いつも同じ『物』『時間』『場所』『方法』で使用する」という意味です。

　先ほど述べたように、外出するには、情報の取捨選択、適切な判断、緊急時の対応など、さまざまなポイントをクリアする必要があります。ですから、初めから一人であちこち出かけられるようになるという目標設定は、難しい場合がほとんどです。外出範囲を少しずつ広げていき、行動範囲の拡大を目指していきます。それぞれの段階の見極めのポイントを整理しておきます（図 3-8）。

　1段階めは近場の移動です。例えば、自宅近くのコンビニエンスストア、スーパーマーケットなどがあげられます。公共交通機関を使わない場所で、迷わずに行けるのか、安全に移動できるのか、時間管理ができるのか（時間までに帰ってこられるか）というポイン

トが達成できるかを判断します。

　2段階めは、公共交通機関を利用した限定ルートです。正しく切符が購入できるのか（障害者手帳による割引やICカードの利用を含む）、公共交通機関の安全な昇降・乗車・乗り換えができるのか、時間の見積もりができるのか、他者への配慮ができるのか（トラブルがないか）というポイントが達成できるかを判断します。

　3段階めは自由な外出です。適切なルートの選択・ルートの理解ができるのか、緊急時の対処ができるのか、混雑時に安全に利用ができるのかというポイントが達成できるのかを判断します。

　このように、段階が上がるほど、達成すべき点が増えていきますが、一つずつクリアできる方法を探しながら、本人のできる範囲を模索しながら、支援をしていきます。

5）片づけ・掃除

　片づけや掃除は、きれいにする技術だけでなく、判断力、効率性、注意力などの力が求められます。「汚れている」ことに気づき、「適切な掃除方法を選択」し、「きれいになるように掃除をする」という行動が取れなければいけません。「汚れている」「きれいになった」という判断はとても難しいです。また、家庭でのゴミ出しも非常に煩雑で混乱しやすいです。可燃ごみ、資源ごみ、不燃ごみの分別方法、ごみを捨てる曜日の把握など、確認すべき点がとても多いのです。

　片づけや掃除については、具体的な場面とルール決めが有効です。「片づけができるように」という大きな範囲の片づけを目標にするのではなく、「貴重品（財布、鍵、携帯電話）の片づけ」「服の片づけ」「机上の片づけ」など、片づける箇所を限定し、片づけた後の形を明確にし（片づける場所を固定）、片づける頻度を決める、という手順で取り組んでいきます。特に貴重品は、家のなかであちこち持ち歩く可能性が高く、置き場所は重要です。単身の人や家族が留守がちの人は鍵の開け閉めの頻度が高いので、貴重品入れを玄関付近につくる、帰宅してすぐに自室に入る習慣の人は自室につくるなど、生活パターンのなかから適切な場所を模索していきます。

　ごみの分別は、何が可燃ごみか、資源ごみかなど、見てわかるように、ゴミ箱に「紙」「プラスチック」など具体的に貼り紙をする、イラストを貼るなどが方法としてあります。それでも分別の迷うものは、「その他」コーナーをつくり、第三者と一緒に確認して分別するのも方法の一つです。ゴミを捨てるタイミングも毎週〇曜日は可燃ごみの日と明記し、1日のスケジュールの最初に組み込んで、パターン化していきます。カレンダーや手帳を見る習慣のある人はそこに書き込む、毎朝冷蔵庫を開ける習慣のある人は冷蔵庫に「〇曜日＝可燃」などと注意喚起の貼り紙をするなど、習慣化された行動に組み込むのも方法です。

6）コミュニケーション

　コミュニケーションは、相手の立場に立ったり、話の流れを読んで発言したり、相手の発言から話を組み立て直したりといった、状況判断の力、臨機応変な対応を求められることになり、高次脳機能障害の人にとっては難しい対応の一つです。相手の反応を気にせず、一方的に話してしまい、会話のキャッチボールができない、話しているうちに話の主旨がどんどんずれていってしまう、些細な言葉に反応して怒ってしまうなどの場合があります。コミュニケーション上の課題がどのように出るかは人それぞれで、つまずくポイントもさまざまです。その場合、どのような状況で、どのような様子だったのか、どこでつまずいたのかを観察します。

　話し出すと自分の話ばかりしてしまう場合、話が途切れたタイミングで、「○○さんのお話を聞いたので、次は○○さんの話を聞く番です」と他の人の話を聞く時間を取るように伝えます。一方的に話してしまう場面になったら、「次は別の人の番」と繰り返し伝えることで、「自分ばかり話している」事実に気づいてもらい、「次の人に順番を渡す」という方法を身につけてもらいます。繰り返し伝えることで、適切な行動を学習して、行動を身につけるようになる人も多くいます。

　話の主旨がずれていってしまう場合、話がずれた時点で、「今は○○の話をしていましたよね」と伝え、話がずれたことに気づいてもらい、話の主旨を戻すようにはたらきかけます。話をうまくまとめられなかったり、話の主旨を忘れてしまったりすることが原因で、同じ話を何度もしてしまう人もいます。本人は、話がずれている感覚や同じ話をしている自覚がない人がほとんどですので、それが起きた場面で、その状況を伝えて（「リアルフィードバック」といいます）行動の修正を促していきます。

7）電話・来客対応

　コミュニケーションと似ているのですが、さらに難易度が高いのが、電話対応と来客対応です。電話は直接対面していないため、表情などの情報が入らず、また、相手のペースに巻き込まれると話を終えることができないこともあります。伝言を頼まれても、会話の内容を覚えていない、理解できない、メモを取りながら用件が聞けないなど、対処が取れないこともあります。このような場合、電話対応・来客対応の段階を整理しておくとよいです。

　一つめは、「メモを取って伝言できる」人の対応方法です。話を聞きながら、メモを取れる人であれば、何を聞くのかを明確にしておきます。名前、用件、電話番号を聞いて伝言する、というルールを決めておきます。メモの利用が不安な場合は、伝言メモをつくっておいて、穴埋め式にするのも方法です。また、勧誘の電話は「家族のものがいないのでわかりません」と伝えて断るという明確なルール決めも必要です。

二つめは、「限定の電話番号、決まった来客のみ対応する」場合です。臨機応変な返事が難しいため、決まった電話番号から、決まった聞き取りをして、伝言する方法です。ナンバーディスプレイを見て、決まった番号かどうかを判断できることが条件となります。それ以外の電話には「家族がいないのでわかりません」と答えるというようなルールを決めます。来客は宅配便や知り合いのみに限定し、宅配便の場合はサインをする、○○さんの来客時は△△する、というように、対応の仕方も決めておきます。

上記の対応が難しい場合は、電話は携帯電話のみ応答し、自宅の電話には出ない、来客に対しては「家族のものがいないのでわかりません」と伝えて断るというルールにするのも方法です。

どの段階であっても、「自分はできる」と自信をもってルールを決めていた人であっても、自分で判断して対応してしまい、後でトラブルになる場合もあります。どの段階の対応なら確実にできるのかを検証しているときに、本人にもその事実を伝え、納得してもらうことが重要です。自分の障害を正しく理解できていると、小さな範囲での判断から、少しずつ範囲を広げていけることがあります。

8）相談

高次脳機能障害の人は、困ったときにどのような行動をとっていいかわからない、逆に自分の判断で進めていってしまい、最終的に大問題に発展してしまうなど、生活上で生じるさまざまな困難時に適切な対処が取れないことが多くあります。「困った状況に気づき、適切な相談ができる」ように、いくつかの段階を設ける必要があります。

一つめは、「困ったことに気づけ、人に相談できる」「大きな問題でなければ適切に対処できる」ことです。困ったことがわかり、誰に聞けばよいかを判断し、相談を受け、適切に行動が取れることが必要です。また、困った状況になったときに落ち着いて行動できることもポイントです。

二つめは、「困ったことに気づけるが、誰に相談していいかわからない」場合です。困ったときの相談先を限定し、相談を受けて、行動できるかを検証します。

上記二つの対応について、先ほどの電話対応・来客対応と同じように、自己判断して勝手に行動してしまう人の場合、一人での行動を制限せざるを得ないこともあります。

❺ 生活管理ツール

ここまで生活上に現れる高次脳機能障害について具体例をもとに紹介してきました。生活上の課題を解決するツールとして、ヒントカードやメモリーノートを活用する方法があります。それらの生活管理ツールの特徴や活用するために必要な能力について、解説します。

図 3-9 生活管理ツール

	特徴・必要な力
メモ	「要点をまとめる⇒読み返す」の工程ができる × まとめている間に忘れてしまう × 要点を絞れない × メモを失くす
スケジュール帳	「スケジュール欄、メモ欄など、定型の様式へ記入⇒読み返す」の工程ができる どこに何が書いてあるかが整理できている × 様式が書きにくい × 手帳を使う習慣がない＝持ち歩かない
メモリーノート	目的に合った様式が作成できる（スケジュール、To Do、日報など） 様式があるため、メモしやすい、見やすい 複数種類のメモがあっても一元化できる × 持ち歩かない
手順書	本人に合った指示書ができる × 毎回やり方が変わるものには応用できず
携帯・スマホ	手がかりを思い出せない場合、アラームは有効 × セットが手間＝パターン化できるものは〇

読み返すことが前提！
↓
声かけにより定着する場合も多い

　生活管理ツールには、メモ帳、スケジュール帳、メモリーノート、手順書（ヒントカード）、携帯電話などがあります（図 3-9）。「忘れてしまうからメモを取ろう」という発想になると思いますが、このメモを有効活用するには、「書く内容を記憶に留める→要点をまとめる→書いたことを思い出す→読み返す」という一連の行動が確立できていることが条件となります。要点をまとめるにも、書く内容、書き方などを自分で判断して記入しなければなりません。また、メモを失くさずに管理する力も必要です。このように、「メモ」と一口に言っても、多くの認知機能を必要とするのです。

　メモは書き方も自由度が高く判断が伴うため、メモを活用することが難しい人には、市販のスケジュール帳の活用を検討します。マンスリー、デイリー、メモ欄など、決まった様式があり、どこに何を書くのかが明確になります。市販のものでも自分に合った様式のものを選ぶ必要がありますし、場合によっては書きにくいもの、参照しにくいこともありますので、その検証が必要です。

　メモリーノートはスケジュール帳タイプのものもありますが、管理したい項目によりアレンジ自在です。スケジュール帳タイプであっても、バーチカルタイプ、日記帳など自由記載欄が多いタイプなど、記載しやすいように本人仕様にアレンジできます。また、To Do 管理、時間管理、金銭管理など、生活管理するために必要な様式をつくることもできます。図 3-10 にメモリーノートの一例を載せました。

　自分で記載するのが難しい人は、手順書・指示書（ヒントカード）の使用を検討します。

図 3-10　メモリーノートの一例

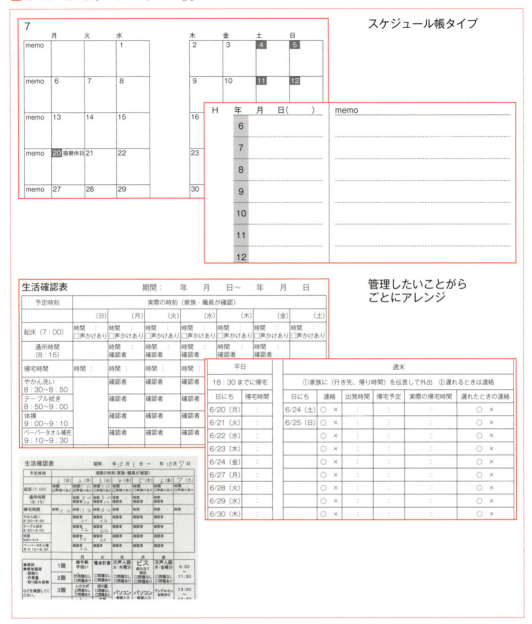

　<外出>のヒントカードの項目でも説明したように、本人にとってわかりやすい表記のものを作成できます。また、一度本人に合った表記のしかたがわかれば、他の指示書にアレンジもしやすくなります。

　メモ、スケジュール帳、メモリーノートの場合、自分で書いたことを覚えており、必要な部分を開いて読み返すことができることが前提です。もともとスケジュール帳を携帯する習慣のある人であれば定着しやすいのですが、初めて携帯する場合は「スケジュール帳に書いてありませんか？」といった間接指示を繰り返し、定着できるかを検証していきま

す。それでも定着が難しければ、随時手順書を提示する・掲示するといった方法を考えます。また、手がかりを思い出せない場合には、携帯電話のアラーム機能、ストップウォッチのアラームセットが有効です。この場合、定例の予定が決まっていればセットしやすいのですが、毎回時間も内容も変わるとなるとアラームセットは手間になってしまうので、場合によって使い分ける必要があります。

　携帯電話、スマートフォンを参照、活用する習慣が身についている人には、その機能を有効活用するのも方法の一つです。特に若年者は携帯電話を肌身離さず携帯する、無意識に確認する習慣が身についている人が多いです。「よく見ている」携帯電話をツールに、アラーム、スケジュール帳のリマインダー、メモ機能を活用していく方法です。定例の服薬であっても、繰り返し登録ができるため、定刻にリマインダー機能でお知らせして注意喚起することができます。メモに関しても、文字情報だけでなく、乗り換え案内の画面メモや写真、スケジュール機能、スマートフォンの各種アプリなど、あらゆる種類の情報を一元化できるというメリットがあります。新しいツールを持つことが習慣化されない場合もあるため、いつも携帯しているもの、目にしている携帯電話やスマートフォンを活用できないかを考えてみるのも一つです。

❻ まとめ

　第1節では、高次脳機能障害のある人が生活上でどのような困難が生じているのか、エピソードをふまえて説明してきました。高次脳機能障害は後天的な障害であるため、これまでの能力、知識は人それぞれであり、さらに認知機能の低下もさまざまであるため、障害の現れ方は千差万別です。ですので、実際の場面でやってみて、どこまでできて、どこからができないのかを適切に観察し、できない部分へのアプローチを行っていきます。できない部分に対しても、直接手を出してしまうのではなく、自立できている部分がなぜできているのかを分析することで、支援のヒントが得られます。入院や施設など、新しい環境下ではできなくても、住み慣れた自宅だとこれまでの生活様式が習慣化されているため、スムーズに起床準備ができる人もいます。そのため実際場面のアセスメントやこれまでの生活歴のアセスメントは重要なのです。

　受傷・発症後はこれまでの本人との違いに、本人も家族も戸惑うばかりだと思います。ですが、一つずつ自立へ向けてチャレンジしていくと、できることが増え、本人も自信を取り戻し、それが次なるチャレンジへつながり、プラスの連鎖を起こしていくことにもつながります。また、できることが増えることで生活も安定し、本人がしたいことを実現できる可能性も増えていきます。生活の安定が精神面の安定、さらには生活の質の底上げへ

とつながっていくのです。できることが増えていくと、その生活の広がりに、支援者もとても驚かされます。そのことが支援者の励みになり、さらによりよい生活が送れるように支援していこうと動機づけられ、プラスの連鎖を起こしていきます。

支援者としても、本人とともに成長していく思いをもって取り組んでいきたいものです。

第2節 高次脳機能障害の疑似体験

❶ 高次脳機能障害の理解の困難さ

近年、高次脳機能障害にまつわる書籍は数多く発行されてきています。高次脳機能障害の基本的なメカニズムから障害特性について解説されているもの、逆に具体的なエピソードから障害特性について解説されているものまでさまざまです。しかし、高次脳機能障害者を支える支援の現場では、基本的なメカニズムを理解するだけでも、他の人の事例を真似するだけでも問題解決につながらないことがたびたび起こります。そのため、支援経験の少ない支援者からは、「障害がよくわからない」「支援方法がわからない」といった声をよく耳にします。

そもそも受傷前の脳機能は人それぞれですし、損傷部位も異なるため、全く同じということはほとんどありません。また、その人の生活や背景、環境も同じではありません。

では、どうして高次脳機能障害があると、もの忘れやミスが出てきやすくなるのでしょうか。実際の現場では、基本的な脳機能のはたらきを理解したうえで、「どのような環境下で」「どのように情報が入力され、情報処理または貯蔵され、出力されたのか」といったことを一つひとつ丁寧にアセスメントしていくことが大切になってきます。

このような多彩な障害特性をもつ高次脳機能障害について、基本的な脳機能のはたらきを体感的に理解することで、より理解を深められるように、今回、疑似体験演習を実施することを考えました。

❷ 疑似体験の内容

高次脳機能障害のある人の疑似体験を実施するにあたり、さまざまな方法を検討しましたが、高次脳機能障害そのものを体験することは難しいため、通常よりも負荷がかかる状態を体験してもらうことで、高次脳機能障害のある人が「受傷後どのような状態なのか」

「脳機能がどのようにはたらいているのか（特に注意や記憶）」を理解してもらう内容にしました。

受講者には、まず、3種類のアラーム音を一つずつ鳴らして、それぞれの音に関連づけした行動を伝え、記憶してもらいます。その後、「かな拾い」の課題を行い、一定時間が過ぎたところで3種類の音の一つを鳴らします。音を聞いたら「かな拾い」の課題はいったん中止し、関連づけした行動を行ってもらいます。

「かな拾い」の課題は、文中から「が」「ら」「す」の3種類の文字を同時に探して、その文字を○で囲むテストです。そして、最後に、それぞれの文字が全部でいくつあったかを数えて、下に設けた解答欄に記入します。

高次脳機能障害のある人に「かな拾い」の課題を実施すると、一つの文字だけ見落としが多かったり、見落としがまばらに出たりします。しかし、障害のない人では、ミスもそう多くは出てきません。つまり、これだけでは、障害のない人にとっては負荷が少ないため、作業途中にほかの刺激を加える必要がありました。

そこで、今回新たな負荷として考えたのは、3種類のアラーム音それぞれに「写真を見て名前を課題の用紙に記入する」「その場で手をあげる」「ハンカチを机の上に出す」という行動を関連づけすることにしました。

実際にやってみると、三つの文字を覚えてそれを同時にチェックすることは、集中しなければ大変であることがわかります。集中しているときに音が鳴ると、多くの人はその刺激に嫌悪感を覚え、イライラしてきます。途中で作業に戻ろうとすると、どこまでやっていたか、何の文字を囲むのか、もう一回頭のなかを整理して再開することが必要になります。また音が鳴った際に、関連づけした行動を行おうとしても、「かな拾い」の課題を行っていたために、関連づけした行動が何だったかを忘れてしまいます。記憶したことは、途中の刺激が入ると忘れやすくなるのです。

疑似体験の実施方法については、別冊を参照ください。📖 p.1　演習1　高次脳機能障害の疑似体験

❸ 高次脳機能の理解

1）基本的な理解

高次脳機能全体については、前章で説明していますので、ここでは特に「注意・記憶・遂行機能」に絞り、支援をするうえで、どのような点に留意して行動観察を行い、理解していくと支援に役立つのかを説明します。

1 注意

注意は「集中」「分配」「持続」と大きく三つに分けて理解するのがわかりやすいでしょ

う。「集中」とは、他の刺激に注意を奪われずに一つのことをし続けられる能力を指します。次に注意の「分配」は同時に二つ以上のことに注意を払う能力です。具体的には、話を聞きながらメモを取るなど、同時に複数の情報処理を行うことです。注意を分配するためには、処理速度が必要になります。最後に、「持続」ですが、これがないと時間の経過とともに集中ができなくなったり、すぐに疲れてしまったりすることになります。こうした注意できる容量がどの程度あるかを理解しておくことは、生活を考えるうえでは重要になります。複数のことに注意を払ったり、それを持続したりすることの連続がまさに生活場面であるからです。

2　記憶

記憶の定義もさまざまありますが、実際の生活場面ではプロセスに分けて考えるとわかりやすいでしょう。まず、見たり聞いたりしたことを頭に入れる過程（入力）、その情報を整理して蓄えておく過程（貯蔵）、さらにその情報を引き出す過程（出力）の3段階に分けられます。どの段階が障害されるかによって、その対処方法は異なります。

3　遂行機能

遂行機能とは、ある目的に向かってプランを立て、それを実行して達成する能力です。そのためには、意欲や自発性が必要になります。また、うまくできたかどうかを評価・判断するモニタリングの能力も必要になります。加えて、問題が発生したら自力で考えて対処しなければなりません。つまり、周囲の環境に適切な対応をしながら問題を解決することになるため、総合的な能力といえるでしょう。

2) 容量という視点での理解

高次脳機能を図にしてみました。ざっくりと表現するのであれば、高次脳機能障害は全体の容量が小さくなっている状態と考えるとわかりやすいでしょう。

X軸を「注意」、Y軸を「情報処理」、Z軸を「記憶」として、それら全体の能力を使って目的達成していくプロセスを対角線で遂行機能としました。高次脳機能障害のある人は注意、情報処理、記憶といった機能が低下しており、障害のない健常者の容量の大きさに対し、高次脳機能障害のある人の容量はかなり小さくなっているといえるでしょう（図3-12）。

しかし、高次脳機能障害のある人も、注意力が著しく低下している人（図3-13）、記憶力が著しく低下している人（図3-14）などさまざまです。注意障害が重篤な場合は、1点しか注意が向かわないため、同時に注意を払わなければいけないことがらは、工程を細分化するなどの対処方法をとっていくことが有効になります。記憶障害が重篤な場合は、その場ではある程度の処理はできますが、時間が空くとできなくなるため、手順書やメモを活用することで補うことが有効になってきます。

図 3-12 高次脳機能障害者と健常者の容量の比較

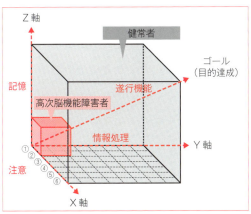

図 3-13 注意障害が伴う場合の容量

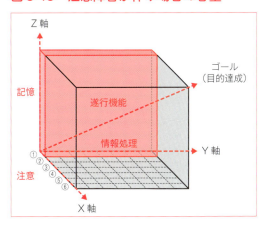

図 3-14 記憶障害が伴う場合の容量

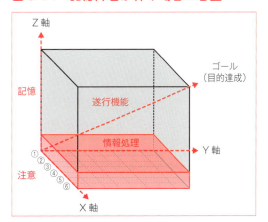

　このように、高次脳機能障害の程度については、人それぞれ異なるため、行動観察をしながら、その人にどの程度の容量があるのかをとらえていくことが、現場の支援では大切になります。

参考資料

1) A. バンデュラ編，原野広太郎・福島脩美共訳『モデリングの心理学――観察学習の理論と方法』金子書房，1975，pp.3〜30.

第4章

高次脳機能障害の
ある人たちの
社会的行動障害

第1節 社会的行動障害の様相

　高次脳機能障害支援モデル事業における調査結果[1]では、対人技能拙劣、固執性、依存・退行、意欲発動性の低下、感情コントロールの低下が50％前後に、欲求コントロールの低下が約30％に認められ、これらの症状は「社会的行動障害」と命名されました。また、これらの症状を一つでももっている人は81％にのぼり、高次脳機能障害の四大症状の一つとして位置づけられました。さらに、医学的属性が同等の2群を比較したところ、入院中に高次脳機能障害と診断され、医学的訓練（認知リハビリテーション）を受けて支援に移行した群では51％が就学・就労していたのに対し、医学的訓練を受けずにいったん社会に出てから支援につながった群では17％しか就学・就労していなかったことも明らかになりました。訓練実施群において「感情コントロール」と「対人技能拙劣」が有意に低かったことから、早期に診断し、連続したケアを実施したことが、社会的行動障害を軽減し、日常生活や社会生活での困難を減らすことにつながったと考えられました。

　社会的行動障害にはリハビリテーションを開始した亜急性期にみられる脳の器質的損傷を主たる原因とする症状もありますが、家族や支援者を悩ませるのはむしろ退院後、社会に戻ってから目立つようになる症状です。慢性期にみられるこれらの症状は、一次的には脳の損傷の結果ですが、二次的には環境との相互作用により生じます。以前と違ってうまくいかないことが続いたり、友人や職を失ったり、ストレスに対処できなかったりなどさまざまな要因が積み重なることで症状が増大します。また、以前の自分との違いに気づいて葛藤することも症状の悪化につながります。

　第1章で述べたように、社会的行動障害は家族の精神的負担感に多大な影響を及ぼし、社会生活からのドロップアウトにつながりかねません。とはいえ、社会的行動障害の症状は場面や状況によってその出方が変わりますし、その場だけであれば礼節を保った行動をとることができる人もいます。そのため、医療機関のなかにおいて的確にとらえることは難しく、家族や身近で接する人たちからエピソードを聴くなどして情報を得なければ実情を把握することは困難です。

　社会的行動障害の一次的な原因となる脳の損傷については、二つの要因が考えられています[2]。一つは喜怒哀楽といわれる原始的な情動を司る大脳辺縁系の機能不全です。この部位は相手の情動を察知することにも関係しています。とりわけ不安や恐怖、怒りは「闘争」や「逃走」という人間の身を守るために欠かせない本能的な行動につながります。もう一つは社会規範や文化に合うように行動を調節することで適応的な行動をとる機能で「社会

脳」と呼ばれるような機能です。社会脳は前頭葉にあるといわれています。前頭葉は脳の中で一番遅く発達する部位で、20歳頃まで発達し続けます。前頭葉には辺縁系を含めてさまざまな神経ネットワークから情報が集められます。前頭葉そのものに損傷がなくても、ネットワークが損傷すれば前頭葉機能の不全は引き起こされるのです。

第2節 社会的行動障害への対応

　名古屋市総合リハビリテーションセンターでは、第2章で述べたように、認知障害や行動障害に対して、リアルフィードバックによる、その場でとるべき行動を助言するという社会適応モデルを支援の基本として用いてきました。その後、社会的行動障害に対してさまざまなテクニックが開発されたことや、環境へのアプローチにも注力してきたことなどから、全体像をより詳細に描けるようになりました（図4-1）。

　社会的行動障害には環境側への対応と本人側への対応の両方へのアプローチが必要です。環境側の対応の比重が大きければ、保護的な環境を用意する必要があります。一方、一般就労を目指すなど、一般的・競争的な環境のなかでは本人自身がある程度対応できる

図4-1 社会的行動障害への対応：全体像

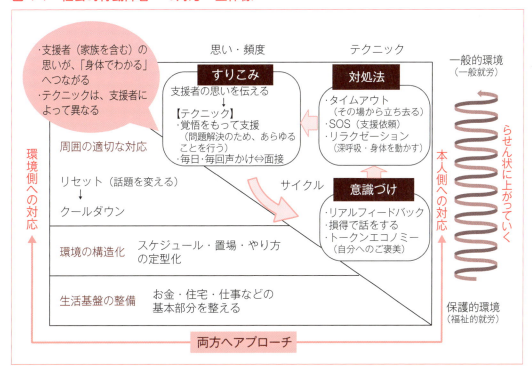

ようになっていなければなりません。保護的環境から一般的環境への移行プロセスは直線的に進むのではなく行きつ戻りつしながららせん状に階段をのぼっていくイメージです。

❶ 環境側への対応

環境側への対応のポイントは三つあります。

1）生活基盤の整備

生活をするためのお金、住まい、仕事など、安心して日々を過ごすための基本部分を整えることで精神的なゆとりが生まれます。また、受け入れてくれる人がいて、自分がしたい活動があり、周囲に認めてもらえるような居場所があることはとても重要なことです。

2）環境の構造化

毎日のスケジュールがはっきりと決まっていたり、物の置き場所や、行動の仕方が決まっていたりすることで、混乱やパニックになるのを避けることができます。情報処理の容量が限定された高次脳機能障害者にとって、構造化された環境はストレスが少ないので、落ち着いて過ごすことができます。

3）周囲の適切な対応

周囲の人が社会的行動障害への対応に慣れていれば、トラブルを未然に防ぐことができます。周囲の人が行う代表的なテクニックが「リセット」や「クールダウン」です。行き詰まったときに追い打ちをかけるようなことを言えば、火に油を注ぐことになってしまいます。高次脳機能障害者が感情的になってこだわったり、混乱したりしているときには、本人の考えや行動を修正したり説得したりしようとするのではなく、話題を変えたり、状況を変えて一からやり直したりするほうがスムーズに事が運びやすくなります。パソコンがフリーズしたり、思いもかけない画面が出てきたりしたときに、いったんリセットして再起動するとうまく作動するようになるのと似ています。

「クールダウン」とは興奮状態を鎮めることです。リセットすることでクールダウンできれば、落ち着いて話が聞けるようになったり、自分の行動を振り返ったりすることができるようになります。本人がこだわって感情的になっている話題から本人が好きなことがらに話を振り変えることで気分を変えることができます。お茶を飲んだり、トイレに行ったり、散歩に行ったりして、その場から離れることで本人はクールダウンがしやすくなります。最初は周囲の人たちが行動を変えるように水を向けるのですが、うまく対処できる経験を積み重ねることで本人が自ら対処法として活用できるようになることもあります。

演習2ではこのクールダウンの手法を用いて「キレる」場面を転換していますので、参照してください。 📖p.9　演習2　社会的行動障害対応方法

❷ 本人側への対応

本人側への対応のポイントも三つあります。

1）意識づけから納得して約束へ

　クールダウンができたところで、そのような行動が社会的に不適切であることやトラブルのもとになることを説明します。また、どういう状況のなかで、どのようなことがら（刺激；action）に反応して行動（reaction）を起こすのかを本人と一緒に考えます。ある一定の場面や刺激・状況のときに不適切な行動をとりやすいということが共有できれば、回避するためのテクニックについてアドバイスすることが役に立ちます。

　本人が自らテクニックを活用しようとするためには、自分が問題行動をとっていることに気づかなければなりません。「もともと怒りっぽかった」とか「以前からこうだった」と言っている間は、自ら対処行動をとるのは難しいのです。最初はそのように言っていても、リアルフィードバックを繰り返していくことで、次第に高次脳機能障害の症状としてとらえることができるようになる場合があります。そうなると、症状をコントロールするためにどういう方法が使えそうかを一緒に検討することができます。本人の納得を得て約束することが大切です。行動をコントロールするためには多大な努力を強いますし、エネルギーも使います。本人の努力を認めてほめたり、ほうびとなるようなもの（報酬）が得られたりすると、モチベーションを持続し、高めやすくなります。

　ハイパーモラルシンドローム（「ハイパーモラル症候群」ともいう）といって、ちょっとしたモラル違反を見逃すことができずに、トラブルに発展させてしまう人たちがいます。例えば、健常者が優先席に座っていたり、障害者用駐車場に停めている車を見かけたりすると注意しに行き、相手が謝るなどしない場合には殴りつけたり、車を傷つけたりするなどの過剰な反応をします。その結果、警察沙汰になったり、賠償金を払わなければならなくなったりするのです。彼らは自分たちの行動は正義であり、相手が悪いと言い張ります。彼らの言い分にもっともな部分があるので、彼らに行動の修正を納得させるのは至難の技です。

　しかし、そのことで社会的な制裁を受けたり、罰金を払わなければならないことは自分にとって損であることは理解できます。自分にとって得な行動はどういうものかという「損得」を考えて行動を修正するということであれば、納得しやすくなります。行動を修正できるようになってはじめて、自分の行動が過剰な反応であったこと、受傷以前は状況や相

手を見て行動を選択することができていたことに思い至ります。

リアルフィードバックではその場で指摘しますが、指摘することと叱ることは別です。指摘することで、本人が自分の行動に気づいて納得して適切な行動の獲得に向けて努力するように方向づけることが肝要です。よく耳にすることで適切でないと思われるのは、後追いで叱ることです。叱られるとそのことに反応して不適切な行動は収まるどころか、ますますエスカレートしていきかねません。

相談例1

Q 就労移行の施設でパソコンの仕事をしている中年男性です。

仕事中にアダルトサイトを見ているので注意をすると、キレて飛び出して行ってしまいました。そこで支援者が注意事項を書いてパソコンの横に貼っておきました。ところがそれからも同様なことが繰り返されます。どう指導したらよいのでしょうか。

A 仕事中にアダルトサイトを見ている行動について本人と話し合ってください。受傷以前は仕事をしていたのですから、そのときにそういう行動が職場で許されていたかどうか、または同じ状況でそういう行動をしたと思うかどうかを聞いてみてください。

たぶん、仕事中は許されないということをわかっていると思います。不適切な行動は欲求のコントロールがうまくできないという後遺症状であることを説明し、行動をコントロールできるようにしようと約束します。次にコントロールするために本人が使えそうな手立てを一緒に考えます。自分で「仕事中はアダルトサイトを見ない」というスローガンを紙に書いて本人のよく見えるところに貼るという「スローガン作戦」も有効です。支援者が一方的に書いた注意事項は守られないかもしれませんが、本人が納得して自分で書いたスローガンは有効な場合がよくあります。とはいえ、約束して本人が努力をするようになったからといって一気に行動が改善されるわけではありません。支援者は毎日「今日は約束が守れたか」

をチェックします。そのときのポイントは約束が守れた日は、本人の努力をしっかりほめることです。また守れなかったときは深追いせずに、「残念だったね。明日は頑張ろう」とさらっと流してください。支援者が注意する姿勢から、本人の努力を見守り応援してくれる姿勢に変わること、このような環境の変化もよい影響をもたらします。1か月単位で見ていくと、次第に不適切な行動が減っていく様子が観察できるでしょう。

2) 対処法

❶の「(3) 周囲の適切な対応」のところでも述べましたが、興奮した感情を収めるためによく使われるのが、本人がその場を立ち去ることです。これを「タイムアウト」といいます。黙ってその場を去るのは好ましくないので、「ちょっとトイレに」とか「お茶を飲んできます」と言って部屋を出ていくように促します。「ちょっと一周りしてきます」と言って部屋を出て外を一周りし、戻って来たときには冷静になって「さきほどは感情的になってすみませんでした」と謝ることができる人もいます。

その場を離れずに対処する方法として、深呼吸をしながら「いち、にぃ、さん」と数を唱えて体の緊張をほどいていくリラクゼーションがあります。自分で楽しい話題に切り替えるようにしているという人もいますが、このような思考の切り替えを意図的にするのはなかなか難しいことです。

もう一つ大事なことは、周囲の支援者にSOSを出して支援を依頼することです。自分がイライラしているということを訴えて別の静かな部屋に連れて行ってもらう、話を聞いてもらうなどすると落ち着きます。施設では支援者がその役割を果たしてくれますが、学校では教師や友達にあらかじめ依頼しておくことが必要です。職場でも困ったときに相談にのってくれる人が決まっていると対処しやすくなります。

相談例2

Q 20代の男性です。
ちょっとしたことですぐキレてしまいます。本人はキレてしまったあとで、まずいことをしたとの思いを抱いています。どうしたら自分で感情のコントロールができるようになるでしょうか。

A 「キレる」というのは感情のコントロールの障害で、高次脳機能障害によくみられる症状の一つです。たとえるなら「瞬間湯沸かし器」のようなものです。「調節バルブ」をつけなくてはいけません。キレそうになると、胸ぐらをぎゅーっとつかんで怒りが口から飛び出さないようにするという方法を編み出して、うまくコントロールできるようになった人がいます。怒りは脳から生じるのですが、昔から「腹が立つ」というように、体の変化としては怒りはお腹から湧いてくるように感じられます。また、ぎゅーっと胸ぐらをつかんでしばらくして手を離すと、緊張が低減するリラクゼーション効果があります。いずれにしろ理にかなった方法だといえます。他にもタイムアウトなどはすぐに使える手立てです。まずは行動を変えると感情が変わることを体験して知ってもらうことがよいと思います。

コラム　瞬間湯沸かし器と調節バルブ

「瞬間湯沸かし器」や「調節バルブ」というのはメタファー（比喩）です。このようなイメージを使うことで本人と一瞬にして思いを共有することができます。高次脳機能障害者にはこのようなメタファーが有効です。「腹が立つ」とか「はらわたが煮えくり返る」などもメタファーの一つです。怒りの感情が暴言として口から飛び出してしまわないように、というのもメタファーを利用したイメージといえます。

人は症状や問題を直接的に指摘されると、拒否的な感情が生じやすくなります。感情のコントロールが難しい高次脳機能障害者は、とりわけ過敏に反応しがちです。メタファーのような間接的なフィードバックは受け入れやすいものです。他にも、脳を損傷するとこういうことが起きやすいというような一般的な説明をしたり、同じ障害のある人の体験記を読んでもらったりすることなども、自分を客観視して症状を受け入れやすくなります。

3）刷りこみ

支援者によって、また高次脳機能障害のある個々人によって、使えるテクニックはさまざまです。ある人には有効である人には有効でないことはもちろんありますが、人によって使いやすいテクニックが異なります。したがって三つくらいの具体例を示して、本人に選んでもらうことが有効です。例えばキレる人に「❶その場を離れる、❷自分で胸ぐらをつかむ、❸頭のなかで切り替えるという方法がありますが、どれが使えそうですか」と尋ねます。❸を選んだら、まずはその方法で試してもらいます。うまくできなければ、次に

❷や❶を使ってもらいます。本人が自分で選んで使おうとすることが大切です。一方、相談例1で紹介したように、支援者の姿勢も大切です。テクニックという技術だけを伝えてもなかなか好ましい変化は生まれません。ともに「障害に対して闘っていく」という支援者の思いを伝えることが重要です。受傷後うまくいかないことが多々あったり、見下されたりして傷ついた体験をしている高次脳機能障害者にとって、自分の味方になってくれる、同じ目線で障害に立ち向かってくれる支援者や支援環境が「支える器」になるのです。重篤な社会的行動障害を克服していった高次脳機能障害の人たちに、後日、「何がよかったか」と尋ねると「（周りの人たちが）自分のことを理解して応援してくれたこと」や「どうしたらよいかを一緒に考えてくれたこと」をあげます。リアルフィードバックはある意味、厳しい対応です。だからこそ支援する環境のなかで信頼関係のある支援者が用いなければ逆効果になります。

　社会的行動障害が重篤であればあるほど、家族を含めた支援者は覚悟をもって支援しなければなりません。問題解決のために考えられるあらゆることを試してみること、毎日のように声をかけて、「身体でわかる」（身に染みる）ところまであきらめずにかかわり続けることです。家族だけではバーンアウトしかねません。家族と支援者が一緒になって支援し続けることで、数年はかかりますが適応が改善していきます。

　ここまで❶から❸の順番で説明してきましたが、対応はこの繰り返しのサイクルになっています。何度もこのサイクルを繰り返すなかで、少しずつ改善への道がみえてきます。

　社会的行動障害に対応する際に考えておかなければならないことが二つあります。

　一つは、本人が安心して認めてもらえる環境のなかにいるということです。そういうことを抜きに行動だけを何とかしようと思ってもなかなかうまくいきません。障害の特性に応じた対応をすること、本人が安心して周りに認めてもらえ、できることがあるという環境を用意することの両方からアプローチしていかないと行動障害はうまく収まりません。

　二つめは、社会的行動障害の背景に精神症状がある場合の対応です。ポジティブフィードバック（ほめるなど）に比べ、リアルフィードバックは精神症状を悪化させる恐れがあります。精神症状がある場合には、精神科と連携した支援が必要になります。ところが、これはなかなか難しいのが実情です。精神科のクリニックで投薬治療を受ければうまくいくかというと、そうはいかないことが間々あります。精神科の医師たちが高次脳機能障害について理解をしてくれないとの訴えが家族や本人からよくあります。例えば、話を聞いてアドバイスをしてほしいと思って不安なことをいろいろ訴えるとすぐ薬が追加・増量される、そうすると副作用が強く出てボーッとしてしまうので、薬は飲みたくない、と精神科医と信頼関係が築けずに勝手に薬を中断してまた落ち着かなくなったり、行動できなくなったりすることがあります。脳損傷者では薬の副作用が出やすいということがいわれています。高次脳機能障害の患者をよく診ている精神科医は、そうでない精神科医と薬の処

方が異なるというデータもあります。また、高次脳機能障害特有の問題として、例えば以前の自分と今の自分との間のギャップに悩んでいるとか、衝動性のコントロールができないなどが背景にあります。

　社会的行動障害への対応について、今まで精神科との連携があまり図られていませんでした。これからは行動障害を理解して精神症状をケアしてくれる精神科医とつながっていくということが大切なポイントの一つになります。

　精神科との連携や精神科における治療の詳細については、**第6章第2節**を参照してください。

第3節　講習会等でよく受ける質問

　各地の講習会で地域の支援者からよく受ける質問があります。特に家庭に入るホームヘルパーの困りごとは高次脳機能障害者の「セクハラ」と「キレる」ことです。「キレる」ことについては本章でもすでにふれていますが、「セクハラ」はデリケートな問題のためか、今まで文献にほとんど取り上げられてきませんでした。ホームヘルパーは嫌な思いをしたり、困ったりしてもその気持ちを表出してはいけないと我慢しているうちに耐えられなくなり、担当を替えてほしい、家族に何とかしてほしいと訴えたり、場合によってはサービスの中断に至ります。

　ホームヘルパーは専門職として相手の行動を受け入れなければならないと思っていたり、上手に対応できないのは自分が未熟だからと考えたり、信頼関係を崩してしまうのではないかと恐れたりして、結局、問題行動に立ち向かえないのが実情のようです。信頼関係を損なわずに上手に対処する方法を学ぶ機会がなかったために苦労しているわけですから、具体的にどういうふうな態度でどのように言葉を返していけば高次脳機能障害者の行動がどう変わっていくのかを体験してもらうことが大事です。

　そこで別冊に演習2を用意しました。

　支援の現場でよくある「うまく対応していない場合」のデモンストレーションを見てどうすればよいかを考え、グループでディスカッションした後で、ロールプレイをしてもらいます。それでもなかなかうまく展開していかないことでしょう。その後スタッフによる「うまく対応している場合」のデモンストレーションを見てもらうことで、対応のコツをつかめると思います。クールダウンやリアルフィードバックをどのようにするのか、また社会的な犯罪にエスカレートさせないために、問題が小さいうちに危険の芽を摘む対応と

はどのようなものかもあらかじめ検討しておくとよいでしょう。

　家族からよく受ける質問は、支援者によるものとは少々内容が異なります。家族は「キレる」ことには困りますが、「セクハラ」に困ることはほとんどありません。むしろ子どもっぽさやこだわり、やる気のなさ、共感性の乏しさなどが悩みごととして語られます。「あんなに思いやりのある優しい子だったのに、自分勝手でわがままな子になってしまった。人が変わったようだ」と話すことがよくあります。怒りの感情は残っているのに、思いやりの感情が欠落してしまったと嘆きます。怒りの感情は本能的で原始的ですが、共感性は相手の状況を思いやって自分に置き換えて感じるという複雑なプロセスが必要です。学習によって獲得していく感情で、前頭葉機能が関与します。したがって共感性の回復はなかなか難しいといえます。しかし、周りから認められ受け入れられる支援環境のなかで過ごすうちに、相手の痛みや大変さに気づけるようになり、家族などの支援者に感謝するようになる人たちもいます。

　子どもっぽくなってしまった場合には、年齢にふさわしい行動を意識させるようにします。自ら社会性のある行動を取ることが難しい場合でも、受傷以前の自分だったらどうしていたかを考えてもらうと、自分が子どもっぽい行動をとっていたことに気がつくことがあります。ただ「退行（子どもっぽい行動）」はうまくいかない現状に対する防衛反応という側面をもっている場合があるので、本人のそうせざるを得ない気持ちに理解を示すことも必要です。

　やる気のなさにはいろいろな原因があります。うつ症状の場合には精神科と連携して治療していくことになります。前頭葉機能の一つに意欲を司るはたらきがあります。この部位の損傷が原因の場合もあります。行動が開始できない発動性の低下は「スイッチが入らない」といいます。この場合にはスイッチが入ると行動を続けることができます。いずれにしてもやる気がないからといって何もしなければますますボーッとして何もしない状態が続いてしまいます。本人の興味関心や以前やっていた得意なことに類似したことを目の前に提示したり、そのような環境に身を置くことが引き金になって症状の改善がみられる場合がよくあります。

　こだわりも家族や支援者が手を焼く行動の一つです。こだわりが強いと自分のやり方や好みを主張し、周囲のアドバイスを聞き入れません。考えの幅が狭いことや柔軟に切り替えることが難しいことのみならず、変更後のイメージがもてないために現状に固執するということもあります。言葉で説得するだけで行動を変化させるのは難しいので、一緒にやって結果をみて考えてもらったり、今までの行動と比較してもらったりします。また、シンプルな言葉で結果が一目瞭然の説明（例えば「このまま好きなものだけ食べ続けると入院になる」）が有効な場合もあります。

　次の相談例3に少し特殊な方法を用いた説明の例をあげておきます。

相談例3

Q 母親と一緒に相談に来られた20代男性です。
こだわりが強く、疲れ果てるまでやり続けてしまいます。途中で止めるように母親が声をかけるのですが、止められません。どうしたら適当なところで止めるようにできるでしょうか。

A こだわりについてどうでもいいことは周囲も受け流すようにします。周囲が行動を止めようとすることが逆にこだわりを強化してしまうこともあります。ただ、疲れ果てるまで続ける場合にはストップをかけられるようになることを学ぶ必要があります。本人は「よくなりたい。そのためにはやり続けなければいけない」と思い込んでいるようです。よくなるということは、行動の開始と終了を自ら使い分けられるようになることです。「オンとオフを切り替えられるようになることがよくなるということ」だと説明したところ、本人の納得が得られました。母親には本人が自分で止められたときにほめてもらうようにお願いしました。

コラム　リフレーミング手法

本人の「よくなりたい、そのためにはやり続けることが必要」とのこだわりを「よくなることは切り替えができるようになること」と変換しています。これはリフレーミングの手法です。こだわりそのものをなくすことは難しいのですが、こだわりを別の有効なものに変換することができる場合があります。また、周囲がよかれと思って止めたり、注意したりすることが問題行動を強化することがあることもよく知られています。行動療法の考え方では、望ましい行動を増加させたい場合に、望ましい行動が行われたら「ほめる」ことで強化し、望ましくない行動のときには注目しないことが問題行動の軽減に有効だとされています。家族は往々にして目につく問題行動を一気に何とかしたいと焦ってしまいがちですが、まずは、本人が納得して約束した行動をターゲットとして、一つずつ改善していくようにアプローチすることがポイントです。

参考文献
1) 中島八十一「オーバービュー：社会的行動障害と高次脳機能障害者支援」『臨床リハ』18 巻 12 号，2009 年.
2) 先崎章『高次脳機能障害 精神医学・心理学的対応ポケットマニュアル』医歯薬出版，2009 年.

第 **5** 章

地域生活支援の
プロセス

地域での生活における支援のプロセスに、本人の状態や環境等から必要な支援を一緒に考えていくための障害支援区分認定や相談支援専門員によるサービス等利用計画、サービス管理（提供）責任者による個別支援計画（居宅介護計画）の作成等があります。

本章では、高次脳機能障害者の支援においてサービスを利用するにあたり、福祉専門職員等連携加算や支援手順書を活用し、生活の一部の自立を目指していくための手法を取り入れた支援のプロセスについて説明します。

① 障害支援区分認定調査

本人に必要な支援として、障害福祉サービスを利用する場合、まず居住地の市町村に福祉サービスの申請が必要となり、申請後に障害支援区分認定調査が行われます。

障害支援区分とは、「障害者等の障害の多様な特性やその他の心身の状態に応じて必要とされる標準的な支援の度合を総合的に示したもの」であり、認定調査員による生活状況や身体状況等の聞き取り調査が行われます。調査項目は80項目あり（**表5-1**）、居宅介護等の障害福祉サービスの介護給付を利用する場合には、一次判定として認定調査の結果および医師の意見書の一部の項目をふまえたコンピュータ判定があり、さらに特記事項および医師の意見書の内容を総合的に勘案した二次判定により、支援の度合の判定を受けます。支援の度合は、区分1から区分6までの6段階あり、数字が高いほうがより支援が必要で障害福祉サービスの必要度も高いという判定となります。

「障害支援区分認定調査員マニュアル」において、調査員は調査項目のなかの「身の回りの世話や日常生活に関連する項目」に関しては、各項目の一連の行為について、支援が必要かどうかを確認することになっています。しかし、調査対象者は部分的な行為だけをとって「できる」と答えてしまうこともあります。

例えば、高次脳機能障害者の場合、身の回りの世話や日常生活等に関連する項目のなかの「入浴」では、体や髪を洗ったり、流したりする行為はできますが、注意力の低下により、洗い忘れや流し忘れがある。「調理」では、切る・焼く等の行為はできても、遂行機能の低下により、段取りがわからなくなり、二つ以上のメニューを同時につくれない。「買い物」では、スーパーマーケットには行けても判断力の低下により、商品を選ぶのに迷って決められない、適切な量のものが選べない。「交通手段の利用」では、乗降はできるけれども記憶力や見当識の低下により目的地までの道順がわからなくなる、といったエピソードがみられたりします。

また、よく見落としがちなのは「日常の意思決定」です。毎日の生活のなかで自分の希望を判断することはできますが、勧誘等で知らない人に電話番号を教えてしまったり、訪問販売で勧められるがままに契約してしまったりすることがあります。その後も周囲に相

表 5-1 障害支援区分における認定調査項目（80 項目）

1. 移動や動作等に関連する項目（12 項目）			
1-1 寝返り	1-2 起き上がり	1-3 座位保持	1-4 移乗
1-5 立ち上がり	1-6 両足での立位保持	1-7 片足での立位保持	1-8 歩行
1-9 移動	1-10 衣服の着脱	1-11 じょくそう	1-12 えん下

2. 身の回りの世話や日常生活等に関連する項目（16 項目）			
2-1 食事	2-2 口腔清潔	2-3 入浴	2-4 排尿
2-5 排便	2-6 健康・栄養管理	2-7 薬の管理	2-8 金銭の管理
2-9 電話等の利用	2-10 日常の意思決定	2-11 危険の認識	2-12 調理
2-13 掃除	2-14 洗濯	2-15 買い物	2-16 交通手段の利用

3. 意思疎通等に関連する項目（6 項目）			
3-1 視力	3-2 聴力	3-3 コミュニケーション	3-4 説明の理解
3-5 読み書き	3-6 感覚過敏・感覚鈍麻	―	―

4. 行動障害に関連する項目（34 項目）				
4-1 被害的・拒否的	4-2 作話	4-3 感情が不安定	4-4 昼夜逆転	4-5 暴言暴行
4-6 同じ話をする	4-7 大声・奇声を出す	4-8 支援の拒否	4-9 徘徊	4-10 落ち着きがない
4-11 外出して戻れない	4-12 1人で出たがる	4-13 収集癖	4-14 物や衣類を壊す	4-15 不潔行為
4-16 異食行動	4-17 ひどい物忘れ	4-18 こだわり	4-19 多動・行動停止	4-20 不安定な行動
4-21 自らを傷つける行為	4-22 他人を傷つける行為	4-23 不適切な行為	4-24 突発的な行動	4-25 過食・反すう等
4-26 そう鬱状態	4-27 反復的行動	4-28 対人面の不安緊張	4-29 意欲が乏しい	4-30 話がまとまらない
4-31 集中力が続かない	4-32 自己の過大評価	4-33 集団への不適応	4-34 多飲水・過飲水	―

5. 特別な医療に関連する項目（12 項目）			
5-1 点滴の管理	5-2 中心静脈栄養	5-3 透析	5-4 ストーマの処置
5-5 酸素療法	5-6 レスピレーター	5-7 気管切開の処置	5-8 疼痛の看護
5-9 経管栄養	5-10 モニター測定	5-11 じょくそうの処置	5-12 カテーテル

出典：厚生労働省資料

談せず、それを放置したことで後々に大きなトラブルにつながってしまうといったこともあり、調査項目だけではとらえきれない支援の度合もあります。

　このように、本人は「できる」と答えていても実は何らかの支援が必要な場合があり、認定調査の場においては、日頃の状況を把握している家族や支援者の立ち会いを求めたり、必要に応じて個別に聞き取る時間を設けるような工夫が必要です。

　そこで研究事業では、高次脳機能障害者の認定調査を行う調査員や立ち会う家族や支援者に役立つような「高次脳機能障害者に対する認定マニュアル」を作成し、調査項目に対

する高次脳機能障害によくみられる生活上のエピソードを整理してまとめました（<mark>巻末資料</mark> 障害支援区分認定調査　高次脳機能障害マニュアルを参照のこと）。

2 サービス提供の流れ

　障害支援区分の認定後、相談支援事業所の相談支援専門員によるサービス等利用計画案の作成から、事業所のサービス提供、モニタリングまでの一連の流れの関係性を図 5-1 にまとめました。

　サービス等利用計画は、相談支援事業所との契約のもと相談支援専門員が作成する場合と、自身が作成する場合のセルフプランがありますが、ここでは相談支援専門員によるサービス等利用計画とします。また、高次脳機能障害者の生活の一部の自立に向けた支援を行うにあたり、生活の場における支援の代表的なものとして、居宅介護サービスを例示しています。

　サービスを提供する居宅介護事業所は、支援にあたり居宅介護計画を作成しますが、2015（平成 27）年度の障害福祉サービス等報酬改定により新たに始まった「福祉専門職員等連携加算」●Wordをふまえ、専門職によるアセスメントを活用して作成した居宅介護計

図 5-1　サービス提供の流れ

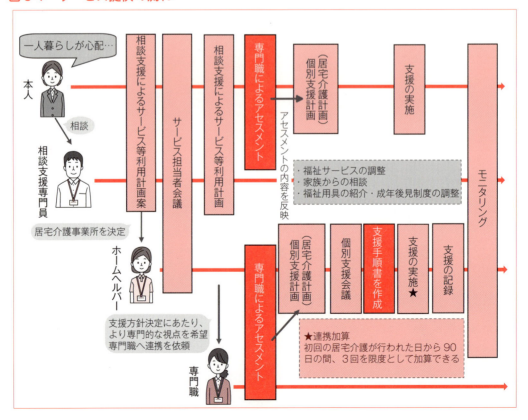

画に基づき、支援手順書に沿ったサービスの実施までの流れを例として説明していきます。

まず、相談支援専門員は現在の生活状況等のアセスメントを実施し、本人の希望する生活に向けて課題を整理し、障害支援区分の認定をふまえて必要なサービスを検討して「サービス等利用計画案」を作成します。作成したサービス等利用計画案は、市町村が障害福祉サービスの支給決定をするにあたり根拠となるものです。

「サービス担当者会議」では、サービス等利用計画案を提示し、本人、家族、関係する支援者等で支援の内容や、今後の支援の方向性を確認し、それぞれの役割を明確にします。

サービス等利用計画案に、各役割を盛り込んだものが「サービス等利用計画」となります。サービス等利用計画は福祉だけではなく、教育、保健医療、就労、住宅等の総合的な視点から地域で自立した生活を支えるために作成されたものになりますので、本人の生活の全体像が盛り込まれます。

サービス等利用計画をもとに、居宅介護事業所であれば、サービス提供責任者による「居宅介護計画」を作成します。作成にあたり本人の障害特性に応じた適切なサービスが提供できるように、例えば高次脳機能障害の専門職によるアセスメントを実施し、「専門職アセスメント」を活用した居宅介護計画を作成します。

居宅介護計画に基づいて、事業所内で「個別支援会議」を開催し、「支援手順書」を検討し、サービス提供責任者が作成していきます。これに基づいて、全員が統一した対応をしながら「支援の実施」をします。

相談支援専門員とサービス提供責任者は本人や家族と定期的に「モニタリング」を実施し、サービスの利用、提供状況等を本人や「支援の記録」から確認していくなかで、サービス等利用計画や居宅介護計画、支援手順書の内容の見直しを行います。支援の実施状況の確認をすることで達成度を振り返り、新たな目標や課題に対しては、必要に応じて専門職アセスメントを実施し、サービス提供に活かしていきます。

このような形で支援することで、障害もふまえた本人の特性に応じた支援を行うことができ、本人のエンパワメントを引き出すことやストレングスを活かした支援にもつながります。それぞれの支援の段階については、以下に詳細を述べます。

Word 福祉専門職員等連携加算

利用者に対して、指定居宅介護事業所等のサービス提供責任者が、サービス事業所、指定障害者支援施設等、医療機関等の社会福祉士、介護福祉士、精神保健福祉士、理学療法士その他の国家資格を有する者に同行して利用者の居宅を訪問し、利用者の心身の状況等の評価を当該社会福祉士等と共同して行い、かつ、居宅介護計画を作成した場合であって、当該社会福祉士等と連携し、当該居宅介護計画に基づく指定居宅介護等を行ったときは、初回の指定居宅介護等が行われた日から起算して90日の間、3回を限度として、1回につき所定単位数（平成27年度は564単位）を加算する。

❸ 相談支援によるサービス等利用計画

　「サービス等利用計画」には本人から生活状況やサービス利用の意向を聞き取り、実際の生活場面においてどれだけの支援が必要かを示し、支給決定前に作成する「サービス等利用計画案」と、支給決定後にサービス担当者会議を開催して、具体的な支援内容をまとめた「サービス等利用計画」とがあります。

　サービス等利用計画案では、まず相談支援専門員は本人の「こんな生活をしたい」「こんなことをやってみたい」という夢や希望を確認し、寄り添うことから始まります。そして、アセスメントでは、その人が本来もっている強さや得意なこと、潜在的な能力、暮らしていくなかで獲得した技能、興味・関心、コミュニケーション、日常生活上のノウハウや本人を取り巻く環境のストレングスに着目しながら、これまでの支援の経過や生活歴、医療の状況、現在の生活状況、家族構成等の本人を取り巻く環境について情報を収集します（図5-2）。

　高次脳機能障害者の場合、現状を把握するにあたり、受傷・発症前の性格や家庭環境、生活歴の特性なのか、受傷・発症後の障害による特性なのか、総合的に判断する必要があります。必要な情報をいかに多く集められるかが大切で、そのためには本人だけでなく家族やかかわる支援者等からの情報収集も求められます。

　サービス等利用計画案（図5-3）では、その希望する生活に対して総合的な援助の方針を立て、援助の方針をふまえて現実的で具体的な目標を考えていきます。

　今後の生活の見通しがもてるように、例えば、大きな目標として「自分でできることを増やし、一人で暮らしていけるようにする」とします。その大きな目標に対して、当面の目標として、まずは「自分でできることと苦手なことを整理し、苦手なことはヘルパーと一緒に取り組んだり、手伝ってもらう」といった身近な日常生活のなかでの達成可能なものを考えていきます。

　そしてどのような支援があれば目標を達成し、本人の希望する生活がかなえられるか、障害福祉サービスや地域の社会資源も含めて、計画を作成していきます。一人暮らしができるようになるために、本人のニーズに対する支援目標を立て、それに対して、例えば家事援助を利用して「洗濯、掃除、調理等の家事を一緒に取り組んでみる」「買い物に一緒に行ってみる」、お金の管理ができるように「権利擁護について調べてみる」と本人との取組みが考えられます。そして何曜日の何時にどのような支援が入るかを示していきます。

　このように本人のニーズやアセスメントに基づいて、希望する生活を実現するために必要なものは何かを明らかにしていきながら、サービス等利用計画案を作成していきます。サービス等利用計画案は、その人の生活の全体像や支援を示したものになるので、目の前の必要な支援に関することだけでなく、望む生活の実現に向けた生活全体の支援の組立て

図 5-2　申請者の現状（基本情報）の例

申請者の現状（基本情報）

作成日	平成○○年○月○日	相談支援事業者名	△△相談センター	計画作成担当者	○○　○○

1. 概要（支援経過・現状と課題等）

25歳の時にバイク事故に遭う。入院リハビリを経て、△△会社の営業職として復職をするも、仕事上のミスが増え、上司との関係が悪化し、退職となる。精神障害者保健福祉手帳を取得し、就職に向けて就労移行支援の利用も検討したが、疲れやすさやすぐに予定等を忘れてしまうことから、現在は就労継続支援Ｂ型を利用することで、生活リズムを整え、一般就労に向けた準備をしている。
両親と生活をしているが、親亡き後の生活も考え、自分でできることを増やし、一人でも暮らしていけるようにしたいという思いが聞かれるようになり、一人暮らしにチャレンジしてみることになる。これまでは家族が家事等のすべてを担っており、本人のみではまだ不安があるため、ヘルパー等に手伝ってもらいながら生活をしたいとの希望あり。

2. 利用者の状況

氏　名	N・Rさん	生年月日		年　齢	30歳
住　所	○○○○…………			電話番号	○○－○○○○
	[⦿持家・借家・グループ／ケアホーム・入所施設・医療機関・その他（　　　）]			FAX番号	
障害または疾患名	頭部外傷後遺症	障害支援区分	区分3	性　別	男

家族構成　※年齢、職業、主たる介護者等を記入

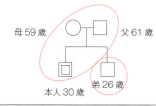

本人 30歳　　弟 26歳　　母 59歳　　父 61歳

社会関係図　※本人と関わりを持つ機関・人物等（役割）

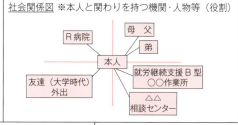

生活歴　※受診歴等含む
△△生まれ、○○小学校に入学し、○○中学、○○高校、○○大学へ進学する。卒業後は△△会社に営業職として入社するが、25歳時にバイク事故にて受傷する。Ｂ病院へ搬送され、その後、Ｒ病院へ転院する。入院を経て復職するも、指示を忘れてしまう、集中できずにミスが増え、上司との関係が悪くなり、退職する。自宅でも家族に頼まれたことをすぐに忘れてしまう。就労継続支援Ｂ型事業所の○○やコンビニ等、通い慣れた場所であれば迷わないが、不慣れな場所では迷ってしまい、家族に連絡が入ることがある。現在は就労継続支援Ｂ型事業所○○に通所しながら一般就労を目指している。
学生時代からスポーツが好きで、父親や友人とよく観戦に行く。友人と行く際は家族や友人が送迎してくれる。

医療の状況　※受診科目、頻度、主治医、疾患名、服薬状況等
Ｒ病院　神経内科　Ｋ医師
服薬内容：○○、○○
てんかん発作あり。

本人の主訴（意向・希望）
また営業の仕事ができるようになりたい。
いずれは一人で生活をしなくてはいけないので、両親がいるうちに自分でもできることを増やして、一人暮らしをしていきたい。

家族の主訴（意向・希望）
社会人としての自覚をもって、これからの生活を考えると一人で生活できるよう自立してほしい。

3. 支援の状況

	名称	提供機関・提供者	支援内容	頻度	備考
公的支援（障害福祉サービス、介護保険等）	就労継続支援Ｂ型 相談支援事業所	就労継続支援Ｂ型事業所○○ △△相談センター	就労支援 計画相談	月の日数—8日 随時	
その他の支援	障害年金				

基本情報チェックポイント

▶ 基本情報を確認するときに、障害名・疾患名に、頭部外傷後遺症、脳血管障害（脳梗塞、脳出血、くも膜下出血）、脳炎等があると高次脳機能障害が疑われます。

▶ 生活歴のなかにも、上記の既往歴がないか、入院時のエピソードや仕事や学校でのエピソード、生活面のエピソードに高次脳機能障害が現れていたりすることもあります。

図 5-3 サービス等利用計画案の例

サービス等利用計画案

利用者氏名	N・R さん	障害支援区分	区分3	相談支援事業者名	△△相談センター
障害福祉サービス受給者証番号		利用者負担上限額	¥0	計画作成担当者	○○ ○○
地域相談支援受給者証番号					
計画案作成日	平成28年7月○日	モニタリング期間（開始月）	平成28年8月（毎月）	利用者同意署名欄	

利用者及びその家族の生活に対する意向（希望する生活）	（本人）また営業の仕事ができるようになりたい。今後の生活のためにたくさん収入を得られるようになりたい。いずれは一人で生活していかなくてはいけない。両親がいる間に、自分でもできることを増やしながら一人暮らしをしていきたい。これまでは家事は母親がしてくれていたが、これからは自分でできるように一人暮らしをしながら自立してほしい。自分も甘えていたので自信がないところもある。ヘルパーにも手伝ってもらいながら生活をしたい。 （家族）社会人としての自覚をもってほしい。これからの生活を考えると一人で生活できるよう自立してほしい。
総合的な援助の方針	一人暮らしを継続できるように福祉サービス等を上手に活用し、今後の生活の自立や就労について考えていけるようにする。
長期目標	自分でできることを増やして、一人暮らしを整理し、就職に向けたステップアップもしていけるようにする。
短期目標	自分でできることと、苦手なことを整理し、苦手な部分はヘルパー等と一緒に取り組んだり、手伝ってもらうことで一人暮らしができるようにする。就労継続支援B型○○作業所にも継続的に通えるようにする。

優先順位	解決すべき課題（本人のニーズ）	支援目標	達成時期	福祉サービス等 種類・内容・量（頻度・時間）	課題解決のための本人の役割	評価時期	その他留意事項
1	一般就労に向けて、これからも○○に通いたい。	就労継続支援B型○○に通いながら生活リズムを整えたり、働くための準備をする。	平成28年8月	就労継続支援B型 月－8日 9:00-16:00	毎日通って、作業に参加する。休調が悪い時等、行けない時は○○に電話をする。	平成28年8月	
2	掃除、洗濯、調理を手伝ってほしい。自分でもできるようになりたい。	家事全般を支援するなかで本人ができるところ、できないところは自立できるようにする。	平成29年7月	居宅介護（家事援助） ○時間/月 1回あたり○時間 （月）17:30-19:00 （水）(金) 16:30-18:00 （土）10:00-12:00 家族	ヘルパーや母と家事を一緒に取り組んでみる。	平成28年8月	
3	母にお願いしているお金の管理を自分でできるようにしたい。	将来のことを考え、まとまったお金を計画的に使えるようにする。	平成29年1月	相談支援 家族	金銭管理の方法を支援センターと一緒に考え、家族にも定期的に確認してもらう。	平成28年8月	
4	何を買えばよいか悩むので、買い物に一緒に行ってほしい。	一緒に買い物に行くことで、本人が迷うところに対して助言をする。	平成28年1月	居宅介護（家事援助） ○時間/月 1回あたり○時間 （火）17:30-18:30 家族	ヘルパーや家族と一緒に買い物に行ってみる。買いたいものの忘れないよう工夫をする。	平成28年8月	
5	発作が心配である。	定期的に受診をし、主治医に伝えられるようにする。	平成29年1月	居宅介護（通院介助） ○時間/月 1回あたり○時間 （火）16:00-17:30	主治医に伝えられるように体の調子をメモに残すようにする。	平成28年8月	
6	趣味の時間はなくしたくない。（野球観戦）	慣れない場所でも安全に外出できるようにする。	平成28年10月	移動支援 余暇 10時間	友人と観戦したい試合があれば、早めに伝えるようにする。	平成28年8月	

が必要となります。よって、フォーマルなサービスはもちろんですが、家族や友人等によるインフォーマルな支援も含まれてきます。

　現在の生活において必要となる障害福祉サービスの種類や量を、サービス等利用計画案、週間計画表、基本情報に示すことで市町村が必要なサービスや量について勘案したうえで、生活の実態に合った支給決定をし、障害福祉サービス受給者証が交付されます。

❹ サービス担当者会議

　サービス等利用計画案を提出し、市町村による障害福祉サービスの支給決定がされ、障害福祉サービス受給者証が交付された後にサービス担当者会議を開催します。

　サービス担当者会議では作成した計画案に基づき関係するサービス事業所や支援団体の支援者、家族など本人の支援にかかわる人を集め、支給決定されたサービスについての役割分担や本人の希望する生活、置かれている環境の共有、支援を実施していくにあたっての配慮事項、支援開始後のモニタリング時期の確認を行い、サービス担当者会議で話し合った内容をふまえたサービス等利用計画を作成します。

　本人の望む生活に向けては、本人はもとより家族や友人、職場の人、かかわる複数のサービス事業所の支援者等全員が本人の目標に向けて支援をしていく必要があります。そのためにも大切なのがサービス担当者会議です。サービス担当者会議では、本人が自分の思いを自ら参加した支援者等に対して表明すること、会議で話し合われた支援内容を本人と共有し、納得することも重要になります。

　サービス担当者会議では、本人の希望する生活を実現するために、本人の目標や現在の生活状況を共有し、本人の「できること」や「できないこと」、「生活に対する不安」等を確認します。そのなかでできないことに対して技術や経験不足からくるものなのか、麻痺等の身体機能の制限によるものなのか、高次脳機能障害の影響によるものなのかと整理をしていきます。次いで、かかわる人たちで「自分の事業所ではどのような支援ができそうか」「このような工夫をしたらどうか」と検討していくなかで、解決すべき具体的な課題に対して、福祉サービスをはじめとする担い手が、いつ・誰が・どのような手伝いを、どれくらい行うのかと、役割分担をしていきます。もちろん、その役割分担のなかには、本人の「好きなこと」や「得意なこと」といったストレングスも活かし、本人も役割を担うなかで希望する生活に向けて一緒に取り組んでいくものにします。サービス等利用計画（図5-4、図5-5）は、本人、家族、関係する支援者等が支援の方向性を共有できるツールです。

　サービス担当者会議において、具体的な支援の役割分担、方向性が決まるなかで、居宅介護事業所においては、生活の場でより具体的な支援をしていくにあたりサービス等利用

図 5-4 サービス等利用計画の例

サービス等利用計画

利用者氏名	N・R さん	障害支援区分	区分3	相談支援事業者名	△△相談センター
障害福祉サービス受給者証番号		利用者負担上限額	¥0	計画作成担当者	○○ ○○
地域相談支援受給者証番号					
計画作成日	平成28年7月○日	モニタリング期間（開始年月）	平成28年8月（毎月）	利用者同意署名欄	

利用者及びその家族の生活に対する意向（希望する生活）	（本人）また自営の仕事ができるようになりたい。今後の生活のために収入をたくさん得られるようになりたい。いずれは一人で生活していかなくてはいけないので、自分でできることを増やしながら一人暮らしをしていきたい。これまでは家事等は母親がしてくれていたし、自分を甘えていたので自信がないところもある。両親がいるうちに、ヘルパーにも手伝ってもらいながら一人暮らしをしていくための自信をもっと自分としても持てるようにしてほしい。（家族）社会人としての自覚をもって自立した生活を考えるようになってほしい。これからの生活を考えるとも一人で生活できるよう自立してほしい。
総合的な援助の方針	一人暮らしを継続できるように福祉サービス等を上手に活用し、今後の生活の自立や就労について考えていけるようにする。
長期目標	自分でできることを増やしていって、一人暮らしを続けていく。苦手なことも大事就労に向けたヘルパー等と一緒にでもらうことで一人暮らしが出来るようにする。
短期目標	自分でできること、苦手なことを整理し、一人暮らしや就労にあたって必要なことを一緒に取り組んだり、手伝ってもらったりしながら、継続的に通えるようにする。

優先順位	解決すべき課題（本人のニーズ）	支援目標	達成時期	福祉サービス等			課題解決のための本人の役割	評価時期	その他留意事項
				種類・内容・量（頻度・時間）	提供事業者名（担当者名・電話）				
1	一般就労に向けて、これからも○○に通いたい。	就労継続支援B型○○に通いながら生活リズムを整えることで、一般就労できる力をつける準備をしていく。	平成28年8月	就労継続支援B型 月～日 9:00-16:00	就労継続支援B型○○ tel：…… 担当：○○		毎日通って、作業に参加する。体調が悪い等、行けない時は○○に電話をする。	平成28年8月	
2	掃除、洗濯、調理を手伝ってほしい。自分でもできるようになりたい。	家事全般を支援するなかで本人ができそうなところは自立できるように本人、家族、居宅介護事業所で話し合いながら進めていく。	平成29年7月	居宅介護（家事援助） ○時間／月 1回あたり○時間 （月）17:30-19:00 （水）（金）16:30-18:00 （土）10:00-12:00 家族	ヘルパーステーション□□ tel：…… 担当：□□		ヘルパーや母と家事を一緒に取り組んでみる。できそうなこと、できないことを相談していく。	平成28年8月	記憶力の低下等があるので、対応は統一する。本人の力を伸ばすだけでなく、生活しやすい環境づくりもする。
3	母にお願いしているお金の管理を自分でできるようにしたい。	将来のことを考え、まとまったお金を計画的に使えるように家族の協力のうえ、相談支援センターに相談をしていく。	平成29年1月	相談支援 家族	△△相談センター tel：…… 担当：△△		金銭管理の方法を支援センターと一緒に考える。家族にも定期的に確認してもらう。	平成28年8月	権利擁護センターの利用も検討していく。
4	何を買えばよいか悩むので、ヘルパーと一緒に買い物に行ってほしい。	ヘルパーと一緒に買い物に行くことで、本人が商品の選定で迷うところに対して助言をもらい欲しいものが買えるようにする。	平成28年1月	居宅介護（家事援助） ○時間／月 1回あたり○時間 （火）17:30-18:30 家族	ヘルパーステーション□□ tel：…… 担当：□□		ヘルパーや家族と一緒に買い物に行ってみる。買いたいものを忘れないよう工夫をする。	平成28年8月	
5	発作が心配である。	定期的に受診し、本人に体調をきちんと伝えられるようにするため、メモその他の意や通院時の付き添いをする。	平成29年1月	居宅介護（通院等介助） ○時間／月 1回あたり○時間 （火）16:00-17:30	R病院 tel：…… 担当：○○		主治医に伝えられるように体調の調子をメモに残すようにする。	平成28年8月	服薬を忘れないようにセットの工夫をする。
6	趣味の時間はなくしたくない。（野球観戦）	慣れない場所でも安全に外出できるようにすることで生活の楽しみの機会を得られるようにする。	平成28年10月	移動支援 余暇 10時間	移動支援○○ tel：…… 担当：○○		友人と観戦したい試合があれば、早めにヘルパーに伝えるようにする。	平成28年8月	

図 5-5　サービス等利用計画（週間計画表）の例

サービス等利用計画【週間計画表】

利用者氏名	N・R　さん	**障害支援区分**	区分 3	**相談支援事業者名**	△△相談センター
障害福祉サービス受給者証番号		**利用者負担上限額**	¥0	**計画作成担当者**	○○　○○
地域相談支援受給者証番号					
計画開始年月	平成 28 年 7 月○日				

	月	火	水	木	金	土	日・祝	主な日常生活上の活動
6:00								7:00　起床、朝食 8:00　B 型○○へ出発 9:00～16:00　作業 16:30　帰宅 19:00　入浴 TV・漫画 23:00　就寝
8:00								
10:00	就労継続支援 B 型	就労継続支援 B 型	就労継続支援 B 型	就労継続支援 B 型	就労継続支援 B 型	居宅介護（家事援助）		
12:00								
14:00						土または日曜 移動支援 （余暇　1～2 回 / 月）	日曜は実家 または アパート	
16:00		居宅介護（通院等介助） 1 回 / 月	居宅介護（家事援助）	（家族の訪問あり）	居宅介護（家事援助）			**週単位以外のサービス**
18:00	居宅介護（家事援助）	居宅介護（家事援助）						月 1 回の受診 通院等介助で対応
20:00								
22:00								
0:00								
2:00								
4:00								

サービス提供によって実現する生活の全体像	いずれは一人で生活をしていかなくてはいけないので、両親がいる間から一人暮らしをして、自分でできることを増やしていきたい。でもまだ家事等に自信がないので、ヘルパーに手伝ってもらいながら、できることを増やしていく。また営業の仕事がしたいので、ヘルパーに手伝ってもらいながら一人暮らしを安定させて、就労継続支援 B 型事業所○○にも継続して通えるようにしていく。

計画に基づき、役割分担された支援のなかで、支援を実施するにあたっての配慮事項をふまえて、居宅介護計画を作成していきます。そして、居宅介護計画を作成するにあたり、必要に応じて専門職によるアセスメントを活用するかどうかも検討していきます。

❺ 専門職連携アセスメント

　生活の場での支援として居宅介護を利用する場合、居宅介護事業所のサービス提供責任者は居宅介護計画を作成しますが、サービス提供責任者が障害特性に応じた適切な支援を行えるようにと、2015（平成27）年度の障害福祉サービス等報酬改定において「福祉専門職員等連携加算」が新設されました。

　高次脳機能障害者の生活の場での支援でも、高次脳機能障害の障害特性に関する知識や技術をもつ専門職のアセスメントも活用します。例えば本人のことをよく知る、本人が入院していた、通院している病院の看護師、作業療法士、ケースワーカーや本人が日中通っている就労継続支援B型事業所等の障害福祉サービス事業所の国家資格を有する支援員とアセスメントを共同して行います。専門職と連携してアセスメントをすることで、障害特性をふまえ、その人に応じて自立を促進する視点に立った支援をしていくことができます。

　また、本人のもっている力を活用しながら、生活の自立に向けた支援をしていくには、病院での診断や心理療法の評価結果の情報を把握しておくことも大切です。診断や評価結果等を把握しておくと、実際の生活場面で現われている困りごとが高次脳機能障害の記憶力や注意力の低下、または遂行機能の低下等どの症状が影響しているのかがわかり、どのような支援で自立できるものなのか、支援の方法や量が明確になってきます。受診同行やサービス担当者会議等の関係者で集まるなかで、医療情報の確認もします。

　このように本人のことを知る高次脳機能障害の障害特性に精通した専門職による生活の場でのアセスメントも活用していくことで、障害もふまえた本人の特性に応じた支援が行えます。また本人自身も自分の能力を活かした生活を送ることで、自信や意欲の獲得につながり、自立に向けた意識を高めるきっかけとなります。

　図5-6は、専門職アセスメント表の例です。本人とサービス提供責任者と専門職とで、自宅での生活状況を確認し、役割分担された支援のなかで「本人が行うこと（できていること）」「本人とホームヘルパー（以下、ヘルパー）が一緒に行えばできること」「ヘルパーが行うこと（できないこと）」と行動を整理します。また、高次脳機能障害の場合は障害を補う方法を身につけるためにも本人の障害の認識を深めていく視点も大切です。生活のなかでの体験によって、本人が困りごととして漠然と認識している、または部分的に認識があるところから体験を積み重ね、本人と困りごとを共有していくことで障害の認識がで

図 5-6 専門職アセスメント表の例

居宅介護計画を連携して作成するための専門職アセスメント表

作成日：平成 28 年 8 月 ○○ 日

利用者	N・R さん
居宅介護 サービス提供責任者	
福祉専門職員等	（ 精神保健福祉士 ）

専門職のアセスメントを求める理由

家族と同居し、家族の支援のもとで生活をしてきたので、日常生活技術について経験が乏しい。高次脳機能障害（記憶障害やこだわり等）が生活行動にどのような影響を及ぼすのか、それに対してどのように対応すればよいかを知りたい。アパートという新たな環境で一人暮らしを始めるにあたり、環境調整についてアドバイスがほしい。

居宅介護計画（項目）	現在の状況	専門職のアセスメント	具体的な支援内容
調理	・母親が行っており、本人は手伝う程度しか行ったことがない。自信がないが、「できるようになりたい」という意欲はある。 ・母親の手伝いで、食後に食器洗いは本人の役割としていた。	・食事内容について、本人の好みを優先します。合は食生活が偏る傾向が考えられます。栄養バランスを考えながら、毎日献立に変化をもたせることは現状では難しいかと思われます。 ・同時に何品もつくるのは、段取りがわからなくなってしまう可能性もあります。	**調理について** ・まずは現状の環境でのワンパターンの食事・調理を行い、買い物などで変化をつけるようにしてパターンを増やしていくとよいと思います。 ・経験不足もあるので、指示を出しながら1品ずつつくるとよいかと思います。 ・食事内容、つくってみて気に入ったレシピ、アドバイス内容を記録に残し、振り返れるようにします。 ・リスク管理として機器類頻電源のオンオフの確認の声かけも必要かと思われます。
買い物	・就労継続支援 B 型の利用後に好きな飲み物やパン、雑誌程度は自分で買う。 ・週末に家族と買い物に行く。	・決まったものでなければ、何を買うのか忘れてしまうことがあります。 ・また、買い慣れていない食品の選択では長時間決めかねる場面があります。本人も「何を買えばよいか悩む」とのことです。	**買い物について** ・買い物前に食材のチェックと買い物リストの作成があるとよいかと思います。 ・判断しやすくなるルールを設定するとよいかと思います。ただし、本人が混乱しないようにルールは統一してください。 ・買い物から調理という一連の流れで実施できるとよいです。
わかりやすい環境づくり	・ものを置いた場所を忘れてしまう。整理整頓ができない。 ・メモしたものがわからなくなってしまう。	・手当たり次第にものを置いたり、メモをしてしまうが、行動を振り返るのが難しいので探し出せないところがあります。	**わかりやすい環境づくり** ・予定は一か所にまとめて（例：カレンダー）に書き込むようにします。 ・本人の目に付きやすい場所に設置したり、メモを残すようにします。 ・物の置き場所を決め、決めた場所に戻すような声かけが必要です。

第 5 章　地域生活活支援のプロセス

きるようになります。本人の意欲もふまえて自立に向けて取り組んでいくものについて優先順位をつけ、専門職が具体的にアセスメントをしていきます。

家事における「掃除」や「洗濯」については本人が行う、またはヘルパーが担うとします。本人とヘルパーが一緒に行うものとして「調理」「買い物」、そして「環境づくり」についてアセスメントをしていきます。サービス提供責任者と専門職は本人の生活行動を注意深く見て、本人の興味や関心、こだわり等にも着目するなかで本人がもっている力を活かしながらヒントツールを活用したり生活環境を整えたりする具体的な方策について助言します。

❻ 個別支援計画（居宅介護計画）

サービス担当者会議において具体的な支援の方向性が決まると、次は個別支援計画を立てる段階となります。個別支援計画はサービスを担当する事業所がそれぞれ作成するもので、居宅介護事業所であれば、居宅介護計画（図5-7）を作成します。居宅介護計画は、サービス担当者会議で検討し作成されたサービス等利用計画をふまえてサービス事業所が担う役割をサービス提供責任者が、事業所のなかで適切なサービスを提供するために「自分の事業所ではどのような目標で、どのように支援をしていくか」を実際の支援をふまえて作成するものです。

居宅介護計画の作成にあたり、生活の場でより専門的な支援をしていくためには、本人の障害特性や今はどのようなことができ、どのようなところに支援が必要か、支援をする場合はどのような点に注意すればいいかなど本人とのかかわりが少ないなかでは把握することは難しいことがあります。また、障害特性に合わせた支援を行うにあたっても、生活場面で現れる障害は人によってさまざまなため、本人のことや障害特性を把握している専門職によるアセスメントを活用することで、より自立を促進する視点に立った居宅介護計画が作成できます。

サービス等利用計画と同様に個別支援計画も本人はもちろん各事業所の支援者が同じ方向を向いて支援をしていくためのツールになります（図5-8）。そのためにも、どの支援者が見ても同じ支援が実施できるような具体的でわかりやすい内容の個別支援計画を作成していく必要があります。

❼ 個別支援会議

サービス等利用計画の作成を受けて、各事業所でも必要なアセスメントをした後に個別支援計画の作成を目的とした個別支援会議が行われます。居宅介護事業所の個別支援会議

図5-7 居宅介護計画書の例

居 宅 介 護 計 画 書

平成28年8月

フリガナ 利用者氏名	N・R さん	男・女	生年月日 ○○ ○○	（○○歳）
担当職員名 ○○ ○○		計画遂行責任者名 ○○ ○○		

利用者の ストレングス	【個人】いろいろなことにチャレンジをすることができる。 他者に相談することができる。	【環境】家族の協力がある。 友人など相談できる人がいる。

利用者の 状態像	両親と生活をしているが、親亡きあとの生活も考え、自分でできることを増やし、一人でも暮らしていけるようにという思いが聞かれるようになり、一人暮らしにチャレンジしてみることになる。これまでは家族が家事等のすべてを担っており、本人のみではまだ不安はあるため、ヘルパー等に手伝ってもらいながら生活をしたいとの希望あり。障害により疲れやすさや小さな予定等を忘れてしまうことがある。てんかん発作がある。

利用者のニーズ	【本人】いずれば一人で生活していかなくてはいけない。両親がいる間に、自分でもできることを増やしながら一人暮らしをしていきたい。これまでは家事は母親がしてくれていたので自分も甘えていたところがある。自分も甘えているばかりではなく、ヘルパーにも手伝ってもらいながら自立していきたい。 【家族】社会人としての自覚をもってほしい。これからの生活を考えると一人で生活できるよう自立してほしい。

長期目標	本人自身が特性を理解し、自身でメモを活用したり、生活の代償手段の獲得を目指す。	短期目標	一人暮らしを送れるように調理・買い物の支援、部屋の整理整頓を本人と一緒に行う。
達成時期	平成29年7月	達成時期	平成28年8月

個別支援 内容	① 調理については経験がないため複数の調理を行うのではなく、まずはワンパターンで簡単な調理から始める。また、調理時には一つずつの工程に対して声かけ、アドバイス内容や気に入った料理のメモを取るよう促し一人でできることを増やしていく。 ② 買い物に行く際は事前に買いたいものを確認しそれを買い物リストとしてメモを取り、買い物時に本人が混乱しないようにする。 ③ 掃除においては物の置き場所を忘れてしまい、その都度物を探すため整理整頓ができなくなっている。そのため、一緒に整理をするなかで物の置き場所を決めたり、メモ自体をなくさないように本人がいつも目にするところにメモを貼っておくことで、忘れてもメモを見ればどこに何があるかがわかるようにする。

支援に当たっての 留意事項	てんかん発作があるため、発作の前兆である頭痛などの体調不良がみられた際は休むように促すとともに家族や主治医へ報告し指示を仰ぐ。

本人への説明	年 月 日に実施	本人サイン	

第5章 地域生活支援のプロセス

図 5-8　サービス等利用計画と個別支援計画の関係

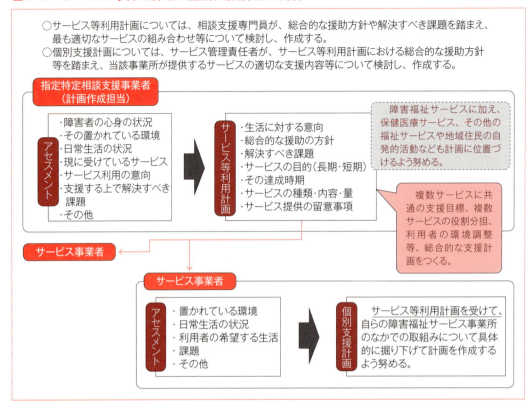

出典：厚生労働省資料

では、高次脳機能障害の障害特性に精通する専門職とのアセスメントを参考にしながら、生活のなかで本人の自立を目指す行動の一連の流れにおいて活動を細分化し、自立に向けた支援の方策を共有していきます。

　例えば、具体的な支援の方法として手順書の作成や本人の行動の定着のために手がかりとなるようなヒントツールの検討、作成をしていきます。どのような場面でどのような声かけをしたらよいか、ヒントツールを活用する場合、どのようなヒントツールをどの場面で使用するのが有効かを確認します。

　高次脳機能障害者の支援において大切なことは、本人が自己の障害を認識し、いかに障害を補う方法を身につけられるかということです。支援者によって支援の仕方が異なると、記憶力の低下等からも本人が混乱してしまうことがあります。高次脳機能障害に対する支援では、声のかけ方からさまざまなものの手順まで、あらゆる場面で統一した対応が求められます。事業所内での支援の方法を共有する場としても個別支援会議は重要です。また支援方法を統一させるためのツールとして、支援の手順書があります。

　個別支援会議は、支援の開始時のみに開催されるものではなく、居宅介護計画に記された目標が達成されているのか、また適切にサービスが提供されているのかの確認や支援の

方法を定期的に見直す場としても活用されます。

❽ 支援手順書

　サービス等利用計画の「解決すべき課題（本人のニーズ）」の一つの項目を、複数の事業所、複数の支援者で担う場合があります。その場合、高次脳機能障害者が混乱しないよう、支援者側が本人に対して統一した対応をすることが必要になります。研究事業では、強度行動障害支援者養成研修での支援手順書を参考にして、高次脳機能障害の支援における支援手順書を作成しました（図 5-9）。

　支援手順書では、例えば一人暮らしをするにあたり「買い物」「調理」「掃除」「洗濯」等の生活技術に対して、本人が「調理」の自立を目指したいと考えている場合、「調理」の一連の流れのなかで「献立決め」「下ごしらえ」「味つけ」等に活動を細分化します。一つひとつの活動に対して「本人ができること」「ヘルパーの支援が必要なこと」と整理し、「ヘルパーの支援が必要なこと」に対しては、具体的な声かけ方法を記載していきます。声かけに関しては、直接行動を促すような「○○をしてください」と声をかけるのではなく、例えば「ヒントツールを確認してみましょう」といったように自分で確認できるように、気づきを促すようにもしていきます。繰り返しによる行動の定着を支援するには、統一した対応が大切になります。また、日々の支援の記録は具体的に残し、本人と支援者とで共有し、達成した部分と残る課題を本人が認識できるようにしていきます。

　支援手順書は、高次脳機能障害者の生活支援のすべての場面で必要というわけではありません。本人の意欲や興味・関心がある活動で、自立に向けて支援をする場合にどの支援者でも共通の支援ができるようにしていきます。　📖 p.19　演習3　支援手順書作成

❾ 支援の実施

　実際の支援場面では、支援手順書に基づいて実施していきます。本人の生活の自立を目指していくため、本人が自立に向けて困っていることに対して、本人と確認しながら助言をしていくようなかかわりになります。しかし、居宅介護は本人が地域で安定して生活を送るための生活支援の一部であり、自立を促すことばかりで本人の不安やストレスといった負担が大きくなるような支援になってはなりません。すべての行動が自立できることが目標ではなく、本人が困りごとを自覚し、本人がこうありたいと意欲をもって取り組みたいと思っている簡単なところからチャレンジしていきます。実践の積み重ねのなかでの成功体験で達成感が得られ、それが自信につながり、新しいことにもチャレンジする気持ちが出てくるように配慮をします。

図 5-9　支援手順書　兼　記録用紙の例

支援手順書　兼　記録用紙

利用者名	N・R さん	提供日		作成者	
事業所名	ヘルパーステーション○	時間	：～：	提供者	

活動	サービス手順	留意点	チェック	様子
献立決め	・前回の食事内容の記録を確認する。本人の希望する食事を確認する。 ・栄養バランスを考えながら献立を決めるのは難しいので、助言をする。	経験不足もあるので、ワンパターンの調理にする。		
下ごしらえ	・一つずつ指示を出しながら準備をする。 ・助言した内容は記録に残し、次回、確認できるようにする。迷っていた場合には「記録を確認してみましょう」と促す。			
調理 （焼く、煮る）	・一つずつ指示を出しながら準備をする。 ・量や味つけ、内容は記録に残し、次回、確認できるようにする。迷っていた場合には「記録を確認してみましょう」と促す。			
記録	・食事内容や気に入ったレシピは本人用のファイルに記録に残すように声かけ。一緒に確認しながら本人が記入するようにする。			
買い物	・必要なものは、買い物のリストをつくるようにする。 ・食品の選択に迷っているときは、「安いほう」「賞味期限・消費期限が長いほう」を選ぶようにする。			

◎：自立　　○：見守り　　△：声かけ　　×：困難

【連絡事項】
・訪問日の変更があれば、本人に伝え、カレンダーにも記載するようにしてください。

【問い合わせ事項】

また、支援手順書に沿って支援をし、本人へ直接アプローチするなかで行動の定着を図るだけではなく、本人がうまく行動ができるように生活環境を整えることも大切です。例えば、記憶力の低下があると物を置いた場所がわからなくなってしまったり、遂行機能や注意力の低下により、整理整頓が苦手であったりする場合には、物の置き場所を決めたりします。また予定を忘れてしまったり、集中してしまい時間に意識が向かなくなってしまったりするときに、目につきやすいところにカレンダーやアラーム時計を置くようにするといった、失敗しにくい工夫をしていくことも必要です。

　そのため、ヘルパーも生活場面で本人の行動をよく観察して行動パターンを把握し、記録をしていきます。実際の支援がうまく機能しているか、定期的にサービス提供責任者や相談支援専門員、必要に応じて専門職とで記録をもとに振り返ることで、目標とした行動がうまくできるようになっていない原因は何か、支援のなかでみえてきた新たな課題に対してどのような支援が考えられるのかを相談し、可能な限り実際の場面で確認します。

⑩ 支援の記録

　実際の支援の積み重ねを記録として残しておくことは大切です。支援手順書を活用しながら一定の期間取り組むことで「どのような対応をしたらスムーズだったのか」、反対に「どのような場面でつまずいてしまうのか」「そのとき、どのような状況であったか」「ヘルパーのかかわり方はどうだったのか」と日々の記録を残しておくことで、うまくいかなかった原因は何かを分析することができ、新たな対応について検討していくときのヒントにもなります。また、日々の支援手順書に記載された記録を一覧として目に見える形にしておくことで、実際の生活の場でできるようになってきたことや苦手なことが目で見てわかりやすく、また支援者だけではなく本人と一緒に振り返りもできます（図5-10）。

　本人と一緒に振り返りをすることで、障害への気づきや自信につながることがあります。記憶障害がある場合は、振り返りにはとりわけ記録として書かれたものが有効です。アプローチの有効性はすぐに確認できるものではありませんが、支援を継続するなかで効果がみられるようにもなり、支援者側としても自立を目指した行動が定着した＝達成できたかどうかを判断するための根拠にもなります。そのうえでも、日々の記録は重要になってきます。

⑪ モニタリング

　相談支援専門員はサービス等利用計画を作成後も、計画に沿って障害福祉サービスが提供されているか、定期的に「継続サービス利用支援」としてモニタリングを行います。本

図5-10 記録のまとめの例

記録のまとめ

利用者名：N・R　さん
作成者名：
作成日：平成　　年　　月　　日

スケジュール	/（ ）	/（ ）	/（ ）	/（ ）	/（ ）	/（ ）	/（ ）	/（ ）	/（ ）	/（ ）
献立決め	△	△	△	△	△	△	△	△	○	○
下ごしらえ	△	△	△	△	△	×	△	△	△	△
調理	△	△	△	△	△	×	△	△	△	△
記録	△	△	○	○	○	×	○	○	○	◎
買い物	△	―	△	―	△	×	○	―	○	―

◎：自立　　○：見守り　　△：声かけ　　×：困難

【備考】
○月○日　通院後で疲れて、横になっています。
後片づけは、母親の手伝いをしていたこともあり、比較的スムーズに実施できていました。
自分から記録を書くことができるときもありますが、振り返りには声かけが必要です。

人や家族、サービス事業所と連絡を取り合い、自宅等に訪問し、本人の生活やサービスの提供状況の確認をしていきます。

モニタリングの時期や回数については、サービスの種類や本人が置かれている状況等に基づいて市町村が決定します。モニタリングの標準的な期間として、新規で居宅介護サービスを利用する場合は、支給決定後より3か月に至るまでの間は毎月モニタリングを行い、利用開始から3か月以降は本人の状況に応じてモニタリング期間が決まります。

モニタリングでは、相談支援専門員がサービス等利用計画に基づき、本人や家族、居宅介護事業所など支援にかかわる関係者に本人の目標や課題に対して計画どおり支援が実施されているか、目標が達成されたか、または新たな目標や課題がでてきていないかを確認します。モニタリングを行った結果、計画どおりに本人の希望する生活に向けて支援が実施されていればよいですが、生活のなかで新たな課題がでてきた場合には目標設定をやり直す必要があります。サービスの支給量や種類を変更する場合には、再びサービス等利用計画案を作成し、市町村に提出します。支給決定後、再び本人や家族、サービス事業所、支援団体など関係者で集まってサービス担当者会議を開催し、支援開始からの生活や支援の状況を振り返り、新たな目標設定や課題を整理したうえで、役割分担をして引き続き、新たなサービス等利用計画を作成し、支援を実施していきます。

サービス等利用計画の内容の変更に応じて、個別支援計画も新たに作成し直す必要があ

ります。はじめに作成した個別支援計画を見直すことは当然ですが、本人の課題や目標、生活状況が変わったのであれば支援内容にも影響します。よって新たに作成されたサービス等利用計画に基づき再アセスメントし、個別支援計画を作成し直す必要があります。

　モニタリングを行った結果、短期目標が達成できたら、再度長期目標に向けての当面の目標を本人と定めたり、新たにできた目標に向けてどのような支援が必要か、今まで利用していたサービスでその目標に向けて取り組めるか、または、新たな支援が必要になるのかを確認します。新たなサービスが必要となる場合には、再度サービス等利用計画を作成していきます。このモニタリングの段階では、サービス等利用計画だけでなく個別支援計画（居宅介護サービスを利用の場合は、居宅介護計画）のモニタリングも同時に行い、本人の生活状況の変化や課題や目標の変更があれば、必要に応じて専門職アセスメントを活用したり、支援手順書等の見直しも行っていきます。

　専門職アセスメントを活用して作成した個別支援計画に基づき、支援手順書に沿って支援を実施しても、手順に沿って支援を行うことで時間がかかり居宅介護の支給量が足らないことや、本人のスケジュールが変わり、本人の生活に合わせて新たに支援手順書を作成する必要が生じることもあります。地域での生活は日々変化するため、変化も見守りながら新たな目標への対応や見直しをしていきます。このような地域での生活を支援するプロセスのなかで、高次脳機能障害者の自立した生活に向けた支援に取り組んでいきます。

参考資料

・強度行動障害支援者養成研修（基礎研修）プログラム作成委員『強度行動障害支援者養成研修（基礎研修）受講者用テキスト』，2014年，p.88.
・日本相談支援専門員協会（平成23年度厚生労働省障害者総合福祉推進事業「サービス等利用計画の実態と今後のあり方に関する研究」報告書）『サービス等利用計画作成サポートブック』，2013年3月．
・名古屋市総合リハビリテーションセンター『50シーンイラストでわかる高次脳機能障害「解体新書」──こんなときどうしよう！？　家庭で、職場で、学校での"困った"を解決！』メディカ出版，2011年．
・谷口明広・小川喜道・小田島明・武田康晴・若山浩彦『障害のある人の支援計画──望む暮らしを実現する個別支援計画の作成と運用』中央法規出版，2015年．
・永井肇監修・阿部順子編集『脳外傷者の社会生活を支援するリハビリテーション』中央法規出版，1999年．

結婚に向けて自立した生活を目指すケンジさん

名前	ケンジさん	性別	男性
年齢	30代はじめ	利用している主なサービス	居宅介護

ケンジさんのこと

　ケンジさんは、大学の農学部に入学後、下宿生活を送っていましたが、大学4年生の4月にバイクでの転倒事故により、頭部外傷による失語症と右手指の軽度の麻痺、記憶力の低下、遂行機能の低下等の高次脳機能障害が残りました。

　復学に向けて入院によるリハビリ、Nリハビリセンター障害者支援施設での自立訓練を経て、受傷後3年目に復学し、無事卒業しました。卒業後は、再度Nリハビリセンターにおいて就労移行支援の訓練を受け、一般就労をしました。就職して、数年が経ち、「そろそろ家族から離れて自立した生活に向けての準備を行いたい」「将来、結婚したい女性とのお付き合いから結婚生活へスムーズに移行できるようにしたい」という希望も聞かれるようになり、一人暮らしを始めることになりました。

一人暮らしの開始

　ケンジさんが一人暮らしを開始するにあたり、居宅介護事業所は初めて高次脳機能障害者の支援に入ることもあり、事前に母親とケンジさんの高次脳機能障害についての対応を確認したり、研修等を受けたりして、事業所としても支援方法を模索しながらの支援がスタートしました。事業所としては複数体制で支援に入ることも想定し、統一した対応ができるよう手順書も作成しました。ケンジさんは、平日は仕事があるため、週末（土曜日）の週1回の家事援助で、調理、洗濯、掃除、買い物の支援に入りました。

　洗濯や掃除についてはもともと下宿生活を送っていたことや母親の支援もあり、おおむね自立していました。しかし、例えば洗濯であれば時間を逆算して洗濯機を回すことが苦手で、どのくらい前にスイッチの操作をすればよいかといったアドバイスを要し、掃除についてはどこに物を置いたかわからなくなってしまったり、整理整頓が苦手なこともあり、ホームヘルパー（以下、ヘルパー）と物の置き場所を決めるといった環境づくりを必要としてきました。

調理については、ケンジさんは野菜が好きなことや栄養面には気をつけていることもあり、野菜の皮は栄養があるため剥かないといった考えがありました。また、本人の好みの味つけに偏りもありました。一般的に皮を剥く野菜、剥かない野菜の確認や他の味つけも試してみるような声かけをしてきました。ですが、ヘルパーと確認したことや、試して気に入った味つけを忘れてしまうため、本人用のファイルを準備し、記録として残すことにしました。買い物では、よく使うものについては買い忘れがないように、食材ごとに付箋に書き出し、なくなったら本人の目に付く場所へ貼り出すといった工夫もしてきました。

新たな取組みを検討

　一人暮らしも約1年が経過し、母親やヘルパーの支援もあり生活もかたちになってきましたが、ケンジさんは決めたことはきちんとこなす、または一つの考えにこだわってしまうこともあり、生活に時間のゆとりがありませんでした。居宅介護サービスの更新時期となり、ケンジさんの目標である結婚に向けても、時間をうまく使いながらの生活、選択の幅を増やしていけるような支援ができないかと、本人、母親、相談支援専門員、サービス提供責任者、本人にかかわる専門職が集まり、これまでの振り返りと今後について、話し合いの機会をもちました。

　ケンジさんは一人で買い物自体はできますが、例えば整理整頓や調理時間短縮のために便利なもの（例えば冷凍食品など）が、言葉だけでの説明ではイメージをもちにくいところがありました。そこで買い物に一緒に行くことで、実際のものを確認する、使ってみるという支援も新しい取組みとして検討していきました。相談支援専門員はケンジさんが通勤や買い物も一人でできるため、支援者と一緒に買い物をすることに対してどのようなサービスが利用できるかを役所と相談し、サービス提供責任者は専門職アセスメントも参考にしながら支援の内容を考えていきました。

ケンジさんの今

　ケンジさんによると、初めての一人暮らしは、長く続くかどうか不安も大きかったとのことです。当初は、平日は実家から職場に通い、週末のみアパートで生活することから始めましたが、今では、実家にはたまに帰る程度で、一人暮らしも充実しているようです。

　ケンジさんは、一人暮らしを始めるなかで、今までは書類の手続きなど、母親に頼っていたことも自分でやろうといった気持ちが出てきたり、相手のことを気遣えるようになってきたといった変化がみられています。これからまた本人の目標である結婚生活に向け、新たな取組みをしていきます。

事例 3

一人暮らしに挑戦したナオヒトさん

名前	ナオヒトさん	性別	男性
年齢	40代はじめ	利用している主なサービス	居宅介護、移動支援、生活介護

ナオヒトさんのこと

　ナオヒトさんは大学の理学部を卒業後、地図製作の会社に勤務していました。就職して4年後、バイク事故で外傷性脳損傷を負い、右片麻痺と高次脳機能障害が残りました。当初は車いす利用で、重篤な記憶障害や失語症がありました。入院中にリハビリを受けていた頃はスタッフへの暴言・暴力がたびたびあり、不穏状態が続きました。在宅生活になって徐々に落ち着いてはきましたが、集団のなかに入ると対人トラブルが起きるという状況でした。事故から数年後、高次脳機能障害に特化した就労継続支援B型のM事業所に通所するようになり、大声をあげることも減って、精神的に安定していきました。公共交通を利用して、杖歩行で自宅から事業所まで単独通所もできるようになりました。

　ナオヒトさんは親の高齢化にともない「親亡き後は施設で暮らすしかない」と漠然と考えていましたが、一人暮らしという道もあることを知り、一人暮らしに挑戦してみたいとの気持ちが強くなっていきました。それにともないM事業所に新たに併設された生活介護を利用し、研究事業の地域生活支援試行のモデル事例になりました。

一人暮らしの開始

　一人暮らしに向けて、まずは住居を確保するために、家族がM事業所に近いマンスリーマンションを契約しました。それまで身の回りのことは自分でやっていましたが、受傷後は家事全般を母親に委ねていたために未経験で、家族や支援者はナオヒトさんがどこまで自分でできるのかはやってみないとわからないという不安を抱えたスタートとなりました。

　初回のサービス担当者会議は本人・家族、住民票の異動にともない変更となった新住所の相談支援事業者、居宅介護事業所、M事業所、作業療法士（M事業所のアドバイザー）のみならず、以前住んでいた地域の相談支援事業者も参加して、引き継ぎと確認を行いました。今後の生活に向けて、家族には、一人暮らしの準備として本人

に朝ごはんの準備や洗濯などを試してもらうこと、必要な生活用品をアパートに用意してもらうことを依頼しました。本人が「ヘルパーはいらない。自分でできると思う」と言っていたため、「本人ができることとできないことを判断し、できない部分をヘルパーに依頼することができるようになる」という短期目標が設定されました。

　その後、実際にナオヒトさんが住むアパートに支援者が集まり、住まいの環境や入浴動作などを確認しながら、アセスメントを繰り返してサービス等利用計画と居宅介護計画が作成されました。ヘルパーによるサービスは週3回の家事援助と身体介護、移動支援、日中はM事業所に通い、週の途中と週末は自宅に帰り、今までの趣味を継続することになりました。支援手順書は高次脳機能障害が生活行動にどのように影響する可能性がありそうか、どう対応すればよいのか、また身体障害があるため入浴をどのように支援すればよいかなど、作業療法士による専門職アセスメントを参考にしながら具体的な内容に練り上げていきました。

支援の経過

　毎月1回の担当者会議やモニタリングの結果、一人暮らしはおおむね順調に推移していることがわかりました。買い物も当初は買い過ぎや、偏った食材、調理が困難な食材を選ぶこともありましたが、ヘルパーのアドバイスを受けてバランスのよい食材を選ぶようになっていきました。メニューを考えたり食材を選ぶときには助言を最小限にして、時間をかけて本人が考える時間をもつようにしていったところ、メニューを決めたり食材を選ぶこともスムーズにできるようになっていきました。

　ご飯のストックが把握できずに、もうないのに「ある」と言ったり、食材を重複して購入してしまうようなことがあったので、冷蔵庫にホワイトボードを設置して、「冷凍ご飯の残り」「冷蔵庫内のダブリ食材」「その他」の三つに区分して記載し、本人とヘルパーが確認するようにしたところ、うまくできるようになりました。また、お金

がいつの間にか足りなくなっているようなこともあったので、レシートを所定の場所に置き、ヘルパーと一緒にノートに貼って確認するようにしたところ、その日に必要なものだけを買って無駄遣いをしないように意識するようになりました。

その他にも、入浴はシャワーチェアーを用いて安全に行えるようになったり、洗濯機を使って自分で洗濯ができるようになったりと自分でできることも増えていきましたが、洗濯機を使ったまま干すのを忘れたり、電子レンジで温めものをしたまま忘れて出かけるようなこともありました。しかし、M事業所に行ってから気がついて、支援員に支援を依頼して対処しています。

自分でパソコンの利用契約やサービスの利用契約をしてしまい、母親や支援員が後日後処理をするようなトラブルもありましたが、支援者が情報を共有しているので、速やかに対応することができ、家族が懸念したような大きなトラブルには発展しませんでした。

ナオヒトさんの今

ナオヒトさんは、当初支援者が思っていたよりもできることがたくさんありました。受傷以前の経験や知恵が活かされていることもありましたが、何よりも生活行動がパターン化されて定着していたことが大きかったと思います。日々の行動が順序よく行われ、携帯電話のアラーム機能も使って、行動のし忘れがないように予防していました。

一人暮らしになってからは無駄遣いをしないように意識するようになったり、声をかけてくれる人がいないため自分で寝る時間を規制しなければならないと思うようになったりするなどの気づきも出てきました。

また、これまで対人関係でトラブルがあった人とは思えないほど、ヘルパーと良好な関係を築いており、ヘルパーたちから「気遣いのできるやさしい人」と認められています。

ナオヒトさんの今後の目標は、浴槽にゆったり浸かれるようなアパートに転居し、ヘルパーの手を借りずに自立した生活ができるようになることだそうです。

事例 4

周囲の人に支えられ生活を立て直してきたヒロヤスさん

名前 ヒロヤスさん	**性別** 男性
年齢 40代	**利用している主なサービス** 居宅介護、就労継続支援B型

ヒロヤスさんのこと

　ヒロヤスさんは専門学校卒業後、派遣社員として働いていたときに交通事故に遭い、重度の高次脳機能障害が残りました。急性期病院での治療を終えた後は、回復期病院でしばらくリハビリを行って、もともと生活をしていた会社の単身寮へ戻りました。身体に障害は残らなかったので、見た目には事故前と変わりませんでしたが、難しい内容の話が理解できない、待ち合わせ場所がわからなくなった、新しいことが覚えられないなど、仕事はもちろん、生活にもさまざまな支障が現れていました。また、マナー違反を目撃すると注意せずにはいられず、交通マナーの悪いトラック運転手に腹を立てトラックにパンチをくらわすなどの社会的行動障害もみられました。ヒロヤスさんは「いろいろとうまくできないことがある」ことは自分自身でも知っていましたが、それが「生活上の困りごとである」ということには気づいていませんでした。

　事故から数年後、会社の単身寮を出てアパートで単身生活を送ることになり、生活状況についてあらためて確認を行いました。食事に関しては「食べたいときに食べたい物を食べたいだけ食べる」という生活を送っていたため、体重も増加傾向にありました。居室の掃除も、週に1回程度の掃除機かけは行うものの、浴室等は入居以来一度も掃除をしたことがないということがわかりました。そこで、生活面の立て直しを目的として、まずは週1回ホームヘルパーによる家事支援の利用を開始することになりました。

ヒロヤスさんの支援の経過

　成育歴の影響からか「本来はこうするべき」といった「生活の見本」がヒロヤスさんにはありませんでした。「食事は1日3回」「甘いものは控えてバランスのよい食事を摂る」「トイレや浴室も汚れる前に定期的に掃除をする」といったことの理由を説明するところから始めました。ヒロヤスさんが納得できるまで、何回でも説明をしました。また、説明した内容や約束ごとは支援者で連絡を取り合いながら共有し、「誰

に聞いても同じ答えが返ってくる」という状況をつくりました。「○○さんもこう言ってましたよね」「△△さんと約束しましたよね」と伝えることで、ヒロヤスさんも受け入れやすくなったようです。

　頭痛が頻繁に起きるようになったため、頭痛外来へ通院することになりました。それまでは市販の頭痛薬を「痛くなったら飲んで寝る。起きても治っていなかったらまた飲む」といった対処をしていましたが、適切な対処と服薬方法を覚えるためヘルパー同行（通院等介助を利用）で通院しました。何回か受診するうちに、通院経路を覚え、適切な服薬もできるようになったので、通院等介助のサービスは終了することができました。

　食事については、「甘い物を極力減らす」「ジュースばかり飲まない」という約束をしました。最初はつらかったようですが、しばらくすると「ジュースなんてただの甘い水」と話すようになりました。ヘルパーの訪問日は、ヘルパーに料理をつくってもらえますが、毎回同じ物をリクエストします。今後は、栄養バランスを考えてリクエストができるようになることを目標としています。

　居室の掃除は、ヘルパーが行っているところを見ながら覚えました。今では、ヘルパーが料理をしている間に、風呂掃除をすませます。洗濯物をたたむ習慣がなかったのですが、試しに一度たたんでみることを提案すると「たたんであったほうが後から探しやすい」ということに気づくことができました。天気のよい日には布団を干してから作業所へ出かけることができるようになりました。それまでは敷きっぱなしだった布団も、今ではきちんとたたんでいます。

ヒロヤスさんの今

　ヒロヤスさんは、居宅介護と就労継続支援B型のサービスを利用しています。アパートで単身生活を始めた頃に比べ、できることが格段に増えました。「洗濯物をたたむ」「布団を干す」「排水溝の掃除をする」など一つひとつは小さなことですが、時には声かけがなくても自ら取り組めるようになりました。生活のなかで困りごとがあれば、地域の相談支援事業所へ連絡し相談することができるようになりました。困っていた頭痛にもうまく対応できるようになり、休みがちだった就労継続支援B型事業所にも休まず通所できています。問題行動を起こしそうになったときに「それは社会人として駄目だよ」と注意をしてくれる友人もいます。そして、ヒロヤスさんはその注意を素直に聞き入れることができます。ヒロヤスさんは「みんなのおかげで僕は生活できているんです」と話しています。

　今は、以前からの夢だった「子どもにかかわる仕事に就く」ことを目標に、就労継続支援B型事業所で日々を過ごしています。

事例 5

将来を見据え、一人暮らしへの挑戦を始めたランさん

名前 ランさん	**性別** 女性
年齢 30代前半	**利用している主なサービス** 居宅介護、移動支援

ランさんのこと

　ランさんは10年以上前の大学生のときにヘルペス脳炎を発症し、数か月間寝たきり状態となりました。地元の急性期病院を退院後、療護施設のＴ荘に入所、その後、名古屋リハに入所して生活訓練、職能訓練を行いました。名古屋リハを退所した後は実家に戻り、職能訓練の職員の支援で、以前に入所していたＴ荘の介護補助員の職に就くことができました。しかし、数年後にＴ荘が建て替えを行うことになりました。新しい建物はどの階も構造が似ていて、重度の記憶障害があるランさんにとって、全く新しい場所で働くのと同じ状況といえました。そこで、障害者職業センターにジョブコーチ支援を依頼し、仕事の組み立て直しを行いました。その結果、建て替え前と同様、確実に仕事をこなすことができるようになりました。

　ランさんにとって長い年月をかけてできることを一つずつ増やし、現在の安定した生活の状態にまで至ったことは、当初の寝たきりに近い状態から考えると、ある程度満足できるものでした。しかし、両親の年齢を考えるといつまでも今の状態でいいわけではありません。一人暮らしはランさんにとって大きなテーマでしたが、なかなか踏み出せないという状態が数年続いていました。

一人暮らしに向けて

　今回の研究事業は一人暮らしに挑戦するきっかけとなりました。ランさんの特徴としては、人の好き嫌いが強く特に指示的な口調の人には拒絶反応がある、できないことへの不安が強い、うまくいかないときには感情的になったりする、などがあげられます。高次脳機能障害の面では、記憶障害は極めて重度ですが、一つずつであれば手順書や地図を見て行動することができ、繰り返すことで確実に行動を積み上げていくことができる、などです。

　実際の支援を行うにあたっては、地元の特定相談支援事業所、居宅介護事業所は高次脳機能障害者へかかわった経験がほとんどなかったため、支援者全員がランさんに

ついての理解を深め、かかわり方を一致させる必要がありました。そのため、本人、家族、特定相談支援事業所相談支援専門員、名古屋リハ職員が会した支援会議を開催し、さらにランさんが信頼していたＴ荘の元職員が地元の社会福祉協議会の職に就いていたためスーパーバイザーとして参加してもらいました。

支援の開始と経過

　一人暮らしのためのアパートは、通勤に便利な駅まで歩いて行ける場所に借りることができました。支援に際しては、居宅介護、移動支援の利用を予定していましたが、第一に生活版ジョブコーチであるヘルパーは指示的な言い方の人は避ける、第二に徐々にできることを増やしながら進めることを支援者全員が共有しました。

　居宅介護は未申請だったため、まず市町村事業として支給決定していた移動支援から開始しました。アパートと駅の安全な往復移動を目標に、ヒントツールとして地図とメモを準備し、ヘルパーが確認しながら迷うところで声かけをしました。比較的順調に進み、２週間ほどで地図なしの往復移動も可能となりましたが、予想外の面もみられました。例えば、ヘルパーの顔が覚えられない、地図を見るのに集中してしまい車の動きに気づかない、発症前に経験のないスクランブル交差点を渡るのに戸惑うなどです。これらはヘルパーの写真に名前を記入したり、地図を見る場所を決めるなどの対応で、徐々に改善できました。また、移動支援を通じてヘルパーとの相性を確認しながら、信頼関係をつくることができました。

　居宅介護については支給決定の関係からスタートが少し遅れましたが、優先順位を決めて取り組みました。１番目は食事の用意です。そのため週５日、夕方に１時間半ヘルパーが入りました。当初は弁当の購入やレトルト食品の利用など、できるだけ簡単にできる方法を想定しましたが、本人の調理への興味が強く、そればかりに時間を費やすことになりました。ほとんど調理経験はありませんでしたが、短期間である程度つくれるようになりました。ただ、指示書どおりにつくることはできても応用が効かない、時間意識が乏しいなどの課題は残りましたが、これは本人が納得するかたちで改善していく目途が立ちました。

　アパートでの寝泊まりに関しては、スムーズに移行できませんでした。最初の問題は、少し古い給湯設備だったためシャワーの湯温が一定ではない、洗濯物を外に干すのは避けたい、などです。これはお湯の出し方を工夫することや室内干しには除湿機を活用することなどで乗り越えることができました。次の問題は服の準備でした。ランさんは部屋着と外出着、外出着も勤務用とそれ以外を分け、１日ごとに用意する生活スタイルです。記憶障害の関係から、週に２泊以上では実家での服の準備に時間がかかり過ぎてしまいました。徐々に宿泊日数を増やす予定でしたが、できませんで

した。

　このようなことは、発症以来"石橋をたたく"ようなかたちでできることを増やしてきたこれまでのやり方が影響していました。そこで、支援会議を開き、生活の拠点をアパートにして、週末だけ自宅に帰るという逆パターンで進めるように変更しました。アパートに服を一定量もっていき、「勤務用」「近所用」などを明記したケースに整理する。洗濯物は週末に実家へ持ち帰り、アパートでは週の半ばで1日だけ洗濯する。いわば、「生活の構造化」につながる方向で再確認をしました。この方法は宿泊日数がいきなり多くなりますが、懸念された本人の抵抗もなく進めることができました。

ランさんの今

　ランさんの支援にあたっては、家族は一人暮らしを強く希望しましたが、本人はそれまでの生活に困っておらず、将来に対しての不安感がない、という"思い"のギャップがありました。支援の組立てとして、発症後のパターンである一つずつクリアしていく方法を踏襲しましたが、その都度問題が生じて、一人暮らしへの移行が遅れることになりました。

　現在、移動支援は終了し、さらにアパートを拠点にして「生活でできることを増やす」「不安や困りごとはヘルパーに相談しながら解決していく」という方向で支援を進めています。

第6章

困難事例の連携支援

第1節 地域でのさまざまな機関の連携

1 地域連携支援概論

1）障害児者への地域生活支援

　「ノーマライゼーション」の考え方の広がりや、それに基づく施策・制度の拡充などにより、障害のある人々が地域で暮らす姿は、もう珍しいものではなくなりました。殊に、2006（平成18）年4月の障害者自立支援法の施行以降、法律の改正を経ながら、障害福祉サービスは拡大し、地域生活を送るうえで、さまざまなサービスを利用することが可能となりました。ですから、例えば、料理や洗濯が一人でできなくてもホームヘルパー（以下、ヘルパー）を利用したり、計画的にお金を遣うことが苦手でも、金銭管理のサービスを利用することで、一人暮らしが可能になります。また、グループホームで生活しながら就労するための訓練に通って、希望する生活に近づいていくこともできます。外出の支援は、同行援護や行動援護、移動支援といった、障害の状況に応じたサービスが設けられていますし、通所系サービスも、利用目的に応じた事業が展開されています。

　もちろん、障害のある人々の地域生活は、障害福祉サービスのみで支えられるわけではありません。一人の人間が文字どおり、社会生活を営むためには、教育や医療・労働といったさまざまな分野が関連しますし、年齢に応じて、高齢・児童といった他の福祉サービスも必要になるかもしれません。また、近所付き合いや町内会といった、インフォーマルと呼ばれる身近なネットワークも大変重要です。

　大切なことは、障害の有無にかかわらず、自らの思い描く生活が送れるように社会的なつながりがもてることであり、そのなかで必要な支援が受けられることだといえるでしょう。誰もが日常的な人のつながりも含めた環境や公的サービス、私的契約サービスなどに支えられて地域社会で暮らしており、障害のある人々には必要に応じて、障害福祉サービスが上乗せされるようなイメージでとらえることが実態に即しているのではないかと思います。

2）相談支援の充実

　障害のある人々が地域で必要な支援を受けながら生活していくうえで、ポイントとなるのはさまざまな立場の支援者の連携のあり方です。例えば、ヘルパーは本人の意向に沿った生活の手伝いを、就労移行支援事業者はいかに就労につなげるかを、医療的なかかわり

でいえば、主治医は病状・症状の安定や軽減を最優先して考えます。それぞれの立場から本人の生活を支えるという点では共通していますが、必ずしも、支援の方針や目標が共有できるわけではありません。本人の支え手が多いこと自体は心強いのですが、一方で必要な情報が共有され、支援の方針が整理され、本人の希望・意向に沿った支援内容が役割分担されて、「支援チームとして機能する」ことが必要不可欠となります。

この、支え手をチームとして機能させる役割を担うのが「相談支援」です。相談支援専門員は、障害のある人一人ひとりの「支援チーム」が一つの支援方針のもとで連携して機能できるように調整役となりますし、本人中心の支援が保たれるよう、その代弁者ともなります。さらには、これらのプロセスを通じて、地域の課題を抽出し、自立支援協議会等を活用して地域社会にはたらきかけていく役割も担いますから、言ってみれば、本人と支援者、支援者と支援者、そして一人ひとりと地域社会のつなぎ役となるわけです。

2012（平成24）年4月からは、この相談支援の充実が図られ、現在では、障害福祉サービスを利用するすべての人に、サービス等利用計画が作成されることが原則となりました。これは、従来から用いられている事業所ごとの個別支援計画等とも整合性が図られ、連動して機能すべきものです。実際には、この計画に障害福祉サービス以外のサービスやインフォーマルな支援、医療・労働といった他の領域のかかわりも盛り込まれることになっており、障害のある人一人ひとりの地域生活を支える「支援チーム」のトータルプランという性格をもちます。

つまり、この10年ほどの間に、さまざまな障害福祉サービスが整備・拡充され、サービスを利用するための計画の内容やその作成プロセスが明確となり、障害のある人の地域生活を支える基盤が、より強固なものになってきたといえます。

3）地域連携のポイント

地域連携のポイントは、ケースごとに異なる面もありますが、ここでは「支援チーム」の一体感をいかに形成するか、活性化させるかに重点をおいて取りあげたいと思います。

■本人が主役であること

本人が希望する生活の実現に向けて、さまざまな支援が行われるわけですから、言うまでもなく、主役は常に「本人」です。本人の希望や意向がすべての出発点であり、到達点でもあります。

我々支援者は、ともすると、支援者の都合を優先してしまったり、支援者の意見を本人に押し付けてしまうことがありますが、これは本末転倒と言わざるを得ません。「よかれと思って」の行動や発言が、権利侵害につながるかもしれないのです。

本人の満足を常に考えられる、本人と共感し合えるような支援チームは、自然にモチベー

ションも高まります。

■ストレングスに着目すること

　人は誰でも、自分の得意なことや好きなこと、便利な環境や頼れる知人など、「強み（ストレングス）」を活かして暮らしています。例えば我々は、わざわざ苦手なことを職業に選んだりせず、できるだけ得意な分野で能力を発揮したいと考えるでしょうし、休日は好みに応じた過ごし方でリラックスしたり、気分転換したりするのが自然でしょう。最寄りの交通機関を頻繁に使いますし、幼いお子さんがいる家庭では、実家が近ければ子どもを預けやすくなります。

　ただ、障害のある人たちの場合、周囲の目がどうしても本人の苦手なことや環境の不便さに集まりがちになり、誰でももっている、このストレングスに気づきにくくなったり、うまく活用できなかったりします。そうすると、生活上の課題ばかりがクローズアップされ、「本人が主役」ではなく、課題中心の支援となってしまいます。

　本人の「ストレングス」に着目し、支援内容に活かしたり、本人の役割としたりすることで、本人自身がより前向きになれますし、支援者との信頼関係も強くなります。そのためにも、「障害者」としてではなく、「家庭では夫」「勤務先では○○担当」「趣味のサークルでは代表」「学生時代は野球部のエース」といった「生活者としての顔」をよく把握し、さまざまな生活場面を通じて本人の「ストレングス」を理解しておくことが、支援者には求められます。

■サービス担当者会議が重視されること

　支援チームにとって、情報共有が重要なことは言うまでもありませんが、その方法はさまざまです。ただ、本人の生活を一体的に支援していくチームとしては、「顔の見える」関係は必要不可欠ですし、そのためにも具体的に集まる機会を重視すべきです。

　サービス等利用計画の作成プロセスにも位置づけられるサービス担当者会議は、関係者全員が顔を合わせ、情報を共有し、合意された支援方針のもと、役割分担を行う大切な機会です。本人の希望を実現するための「作戦会議」と表現されることもあります。

　家族は元より、本人にもできる限り参加してもらい、希望や意向、好きなことや得意なこと、苦手なことなどを一緒に確認しながら、支援内容を検討しましょう。本人の実際の生活に即した、具体的な検討ができますし、支援者一人ひとりがチームの一員であるという自覚が強まります。

■モニタリングを次に活かすこと

　前述のように、サービス担当者会議を経て、トータルプランとしてのサービス等利用計

画に基づいたさまざまな支援が行われるわけですが、実際に本人が思い描いていたようなサービス提供がなされているのか、支援する立場から気づいたことはないか、設定した目標がどれほど達成されているかといった視点で、相談支援専門員は支援内容や計画そのものをチェックします。これが「モニタリング」です。モニタリングは、何もサービス等利用計画に限って行われるのではなく、各事業所の個別支援計画等の見直しの際にも必要です。モニタリングの結果をふまえて、支援者間で再確認を行ったり、支援のあり方を再検討しますし、必要であれば計画そのものを変更します。

　大切なのは、計画作成の段階で確認された「本人が主役」という原則が実際のサービス提供のなかでも貫かれているかの確認です。また、モニタリングを通じた情報収集が再アセスメントの機会となり、「本人理解」が深まるのだと思います。

　計画作成→サービス提供→モニタリング→計画の更新・変更というPDCAサイクル（ケアマネジメントサイクル）を繰り返しながら、支援チームもチームワークや支援スキルを高め、それがまた、本人の満足度の向上につながります。

4）困難事例への対応

　ここまでは、地域連携について、「支援チーム」の一体感や活性化に焦点を当てて述べてきましたが、最後に、その「支援チーム」が困難にぶつかった場合のことにふれます。

　実際の地域生活支援の現場において、いわゆる「困難事例」にかかわり、支援するうえで、次の一歩が踏み出せなかったり、見通しがもてなくなったりすることがあります。ただ、これは障害のある本人や家族の地域生活が困難であるということではなく、支援者が困難と感じている、支援者が困っている状態であることをふまえることが大切です。

　認知障害や行動障害のある人を支援する場合、この「支援上の困難」に直面しやすいことは、誰もが経験しているのではないかと思います。障害特性の把握も含め、本人理解が不十分なまま支援を始めても、的外れなものとなってしまいますし、目立つ行動のみに対症療法的に対応し続けると、本来の支援方針や目標から実際の支援内容が離れていってしまいます。このような状況に陥ると、支援の困難さが増していきます。しばしば発達障害の事例が例としてあげられますが、高次脳機能障害の事例でも背景としては同じでしょう。

　「支援上の困難」の解決に向けた取組みの一つとして、事例検討があげられます。さまざまな手法がありますし、それぞれ長所・短所があるのでしょうが、関係者で合意した手法で地域全体で取り組むことで、アイデアを出し合う輪が広がりますし、人材育成にもつながります。匿名性を守ることは必須ですが、第三者的な立場からの視点が得られると、本人の新たな「ストレングス」が発見できたり、課題の背景が理解しやすくなったりします。

　スーパーバイザーの役割を担うことができる人材が身近にいるとは限りませんが、多様な参加者からの意見・視点を取り入れることで、偏りのない検討が可能となるはずです。

本書でも紹介されているように、障害特性に焦点を当てた研修会に支援チームで参加すると、一人ひとりの知識や視野が広がり、事例検討自体のレベルも上がっていくでしょう。

「困難事例」を困難にしているのは、実は支援者側なのかもしれません。容易に解決できる課題ばかりではありませんが、特定の支援者間で抱え込むことなく、地域のつながりのなかで取り組む姿勢をもちましょう。「困っているときに、集まることができる」ことが大切です。一人の生活課題の解決が、他の人の困難の解決にもつながり、障害のある人の地域生活を支える力が、より強く、より広く、蓄積されていくはずです。

❷ サービス事業所での実践

1）事例の概要

　Aさんは現在50歳になる男性です。19歳のときオートバイの事故で頭部に外傷を負い、高次脳機能障害となりました。今から20年以上も前のことで、高次脳機能障害という障害の存在は当時は一般的ではなく、身体の後遺症はなかったので、すぐに復職をしました。が、工場で機械を扱う仕事だったために注意力の低下により事故やけがを繰り返すことになりました。だんだんと任される仕事が減り、ついには仕事が続けられなくなってしまいました。

　そんなときに、家族の勧めで名古屋市総合リハビリテーションセンター（以下、名古屋リハ）を訪ねました。ここでやっと高次脳機能障害と診断され、プログラムに沿った就労訓練を受けました。支援が進み、社会復帰への道筋として、自宅に近いNPO法人MOVEの就労移行支援事業所を利用して、身近な支援者による支援を受けながら就職活動をする過程に入りました。

　Aさんは、受傷前から仕事には意欲的で、人懐っこく明るい性格だったので、厚意のある企業と出会えたこともあり、1年足らずの就労移行訓練の後、正社員として再就職ができました。

　Aさんは記憶障害があることは自分でも認識していて、メモを取る習慣がすでについていました。今までの仕事場で機械の操作を間違えたり、手順を違えたりしてけがをしたり事故になったりという経緯から類推して、注意障害は根強くあると思われました。見てすぐわかるように、写真を手順どおりに並べて示すような視覚支援を用いた手順書を準備したり、機械の注意すべきスイッチなどに特別な表示をつけたりして記憶障害を補うことで仕事のうえでのミスを未然に防ぐ工夫もできて、再就職の滑り出しは順調でした。

　しかし、社会性の障害については問題が表面化するまでわかりませんでした。仕事も定着した年末のある日、通勤で利用する駅の券売機にビールを振りかけるということをしてしまい、警察から厳重注意を受けました。このときにはAさんはお酒に酔っていて、そ

んなことをしたのは電車内で他の乗客からカバンが邪魔だと注意を受けてむしゃくしゃしたからだと理由を話し、深く反省していたため、様子を見ることにしました。ところが年が明けてしばらくした頃、今度は万引きをして警察に捕まったと、当時私が所属していたMOVEの相談支援事業所に連絡が入りました。

Aさん本人に会って話を聞くと、「仕事場で自分はもっと難しい仕事を任されてもよいと思うが同じ仕事ばかりで不満に思っている。万引きをした日も、他人が万引きをしているのを見て、自分にもできると思ってやってしまった」と話したため、すぐに手厚い支援を行う必要があるという危機感を抱きました。

2) 支援の経過

万引きの事件では起訴猶予になったものの、会社からは自宅謹慎処分を受け、この期間に就労移行支援事業所で再訓練をしてから復帰を考えると伝えられていました。さらにAさんは一人暮らしのため、支援者が側にいる体制をつくる必要がありました。

まだ就労先に籍がある状態なので、制度上、給付を受けての就労移行支援の利用はできませんでしたが、就労移行支援事業所は「会社からもらった最後のチャンスなので、協力したい」との意見で、アフターケアとしてすぐに再訓練のための場面を提供してもらえることになりました。

昼間に支援者が側にいる体制はできましたが、夜一人でいる時間にまた「自分にもできる」と考えて、ものを壊したり、盗んだりしてしまえば仕事を失うばかりか、マンションのローンも支払えなくなり、住む場所も失ってしまうことになります。

そこで、夜に居宅介護事業所の家事援助を計画して、Aさんには、考えていることをヘルパーに話し、世の中の常識やルールから見てどうなのか、アドバイスを受けるように提案しました。思いついたことはすぐに実行せず、メモに書き、理解ある周囲の人に相談してから動こうと約束しました。

居宅介護事業所には、サービス担当者会議で高次脳機能障害の特性とAさんの陥りそうな傾向を説明しました。支援のサービス内容は家事援助を行いながら、生活技術や社会性についてのアドバイスに重点を置いてもらえるようにお願いしました。また、Aさんが自分の言動や、考えたことを書いたメモについて、少しでも心配なことがあれば相談支援事業所に連絡をもらえるようにもお願いしました。居宅介護事業所の人たちもAさんの危機に、力になれるならと快く協力をしてくれました。

元来話好きで人懐っこい性格のAさんなので、ヘルパーにも就労移行支援事業所のスタッフにも、思っていることは包み隠さず話をしてくれましたが、やはり危機を自覚できていないような言葉もたくさん聞かれました。

その都度それぞれの立場の支援者が、それぞれの言葉で危機感を自覚するように促し、

何とか謹慎期間の1か月は何事も起こらず過ぎました。しかし、この後職場に復帰してからは、Aさんの特性に寄り添った支援やアドバイスを、終始職場の人に求めるわけにはいきません。継続的で具体的な支援をどう組み立てて、同じような事件を繰り返さずに暮らしていくにはどうすればよいのか、決め手に欠ける状態でした。

そこで職場に復帰するにあたって支援機関が集まり、Aさんも出席しての支援会議を行いました。会議には名古屋リハの高次脳機能障害支援コーディネーターにも参加を依頼し、専門的な助言をしてもらうことにしました。

3）かかわりのなかで大切にしたポイント

1 個別支援

まずAさんに、自分の障害に向き合い、認識できるように話し合いをしました。

最初は「私はそんなに悪いことをしたとは思わない」「仕事場でも自分よりも経験の浅い人が新しい仕事をやって、自分もそれくらい簡単にできるのになぁと、いつも思っていた。万引きも同じ。自分も簡単にできる」「姉さんには、券売機のことがあってから、お酒は買わない・飲まないと約束していたので、買わずに盗ったらいいじゃないかと思った」と、自分の障害をまるで意識できていない状態でした。

支援会議を受けてAさんには「社会復帰に必要なことは、仕事ができて経済的に困らないことや、生活技術を身につけて毎日のリズムを維持することも大切だが、一番大事なことは世の中の常識の枠組みのなかで暮らせることで、今はそれができなくなっている。このままだと、いずれ同じ失敗を繰り返すことになる。そうなると、もう誰も助けることはできない。一人で考えて一人で行動するとよい結果は出ないことは、Aさんもこれまでの二つの事件でよくわかっている。そういう、事件を起こしやすい傾向があるけれども、その傾向は、性格や、育ちや、周囲の人の悪意に反発してというものではなくて、高次脳機能障害の特性なのだと考えて『そんな特性があるので注意しよう』と自分で自分を守れるようになろう」と伝えました。

また、この場では謹慎期間中のAさん自身が障害特性を意識して、一人で考えて一人で行動せずに周りの支援者に相談してきたからこそ無事過ごせたのだと評価し、これからもその行動を続けてほしい、と返しました。今後もヘルパーに協力してもらい、少しでも一人で動いてしまってよいのだろうかと迷うことは、相談してから進めることを約束しました。

さらに、毎日のできごとや考えたことをすべて覚えていて、ヘルパーに話すことは難しいので、毎日のできごとと、そのときに考えたことをメモをしておいて、支援がある日に見てもらうように提案しました。Aさんはこれまでも仕事用のメモ帳と生活の予定表はこまめに記入していましたが、毎日続けて書いているものではなく、せっかく書いてもど

こに書いたのか思い出せないということが起きていました。そのため今回の取組み用のツールとして、新しく「メモリーノート」をつくり、書き続けていこうということになりました。

② 支援の連携

名古屋リハの支援コーディネーターによるアドバイスのもと、具体的なメモリーノートの様式を考えました。

メモリーノートは次の三つの役割をもつツールとしました。

❶ 仕事の場面・生活の場面それぞれの出来事を一冊に記入し、自分で振り返るためのツールとする。

❷ 生活の場でヘルパーや相談員がノートを見て、アドバイスが必要なときは同じノートに書いて説明し、時間が経ってもAさんが読み返せるようにする。

❸ 相談支援事業所、名古屋リハ、居宅介護事業所の各支援者が、このノートを見るだけで、今何が行われているかがわかるような連携に役立つツールにする。

実際には**表6-1**のような内容です。

Aさんが支援者に面談に行くときにはメモリーノートを持参することにしています。メモリーノートを介することで、それぞれの支援者が日々行われている仕事や生活の内容

表6-1　メモリーノートの様式例

月日	仕事	生活	支援者
○月×日	今日はリハビリテーションセンターへ行くので10時までの仕事でしたが、いくつも仕事があり、目まぐるしかったです。朝一で70番をやるように言われましたが、75番を準備して、6箱目でやっと気づいて主任に報告。自分ではわかっているつもりでもメモをしなければすぐに忘れてしまう。	リハセンの受診の時に姉に汗臭いと言われてショック。駅で降りてから、家に帰ろうとした時に自転車のカギも家のカギも無い。会社に戻ってロッカーに忘れていた。やっとの思いで家について洗濯をして、ヘルパーさんとごはんをつくる。	本日リハセン受診。帰りに支援課で面談。会社では年齢が若い人でも上司。※会社での言葉づかいは丁寧語。報告も丁寧語で。 支援課○○ 報告の言葉が友達言葉だと○○さんに言われたとおっしゃっていました。明日から気を付けるとも。次回受診○月×日をカレンダーに記入されました。 ヘルパー○○
月日	仕事	生活	支援者
○月×日	（反省）今日は目まぐるしい作業の連続ですね。数はコロコロ変わるし、途中でこれもやってくれと言われるし、これは部品が来ていないから後回しにしてくれとか、変更が目白押しでした。いろいろ言われても「ハイ」の実践を心がけています。 （体調）これだけ仕事をしまくっても少しも疲れを感じない自分に自信が持てました。	帰って洗濯物の片づけ（たたんだだけで下に置いてあったため）をして、母のところから持ってきた母の洗濯物を洗って干した。	仕事はテキパキとしたいのでしょうけれど、いろいろな都合があるのですね。 ・周りの人を悪く思わずに「はい」と丁寧に答えていますね。実践を続けてください。 ・疲れていなくても、家では体を休めてください。それも明日の仕事への準備です。 相談員○○

を、Aさんがそのとき感じたとおりに把握することができますし、アドバイスを一緒に読み返すことで、支援者が同じ方向を向いて語りかけることに役立つツールとなっています。

　今日までの数年の間、Aさんが書いて、ヘルパーが相談支援事業所に知らせてくれたことのなかには「壊れた冷蔵庫を担いで粗大ごみ置き場に持って行こうとされています」「保険の契約をセールスの言われるとおりに変更しようとされています」「縫合した患部は清潔にしなければいけないと言われ、入浴して洗いたいと話されています」など、おやっと思うこともたくさんありましたが、一つひとつを一緒に考え、Aさん自身がより上手な解決方法に気づくといった相談を続けることで、再び危機的な状況にならずに過ごせてきました。

4）まとめ

1　障害の認識

　万引きで逮捕され、雇用が終わるのではないかという危機を回避するために不可欠だったのは、Aさん本人が、高次脳機能障害の特性として法に触れるような行動もしてしまうと自覚して、提案した支援に主体的に参加するという意識づけだったと思います。

　Aさんもこの事件までは「自分はできている」「問題なく働けている」と考えていました。しかし、また壊したり盗んだりすれば、今まで積み上げてきた生活をすべて失ってしまうかもしれないという危機のなかで、支援者の言うことに耳を傾け「自分は、知らずしらずのうちにまた大変なことをしてしまうかもしれない」「提案されたことを約束してやってみよう」と、障害に向き合えたことが大きかったといえます。

　また、最近はメモリーノートのやりとりでの助言や提案されたことは、まずやってみよ

うという謙虚な様子がみられるようになっています。このことから、障害特性から起こる危機について、支援者が側でいろいろアドバイスして意識させる段階から、Aさん自身がアドバイスをヒントに危機を回避しようと意識する段階に変わってきているのではないかと感じています。

② リアルフィードバック

謹慎期間の1か月は、周囲が危機感を共有して、Aさんも慎重に過ごしました。その結果、Aさんは職場復帰できたという成功感を通じて、取組みを形として続けられるようにと、次のメモリーノートを使った支援にも前向きになれました。

さらに、ノートを活用することでその時々で抱えている問題に早く助言でき、助言を受けてやってみた結果どうだったかをまたノートに表現し、成功したときはほめ、うまくいかないときにはまた一緒に考えるということを繰り返しました。こういったやりとりを、「リアルフィードバック」と呼ぶのだそうですが、Aさんが書き続ける限りこのやりとりが続けられるのは、重要な利点だと考えます。

③ できることで、困難を補う

Aさんはとても筆まめで、かねてから忘れてはいけないとメモをとる習慣はついていました。絵も上手で、仕事の新しい加工部品などのイラストを描いて注意点等を書き込んで、仕事に役立てていました。

筆まめなAさんにとって、支援の要であるこのメモリーノートを書き続けることはそれほど困難なことではありませんでした。仕事のメモ帳や、イラストページは一人で書いているので何処にどの情報があるのか忘れてしまうこともよくありますが、メモリーノートは毎日つける日記のようなもので、支援者も書き込んでいるため、どこに何が書かれているか一緒に探したり、振り返ったりが容易にできます。

Aさんが、この地味で根気の要る作業をこつこつ続ける力をもっていることこそが、この支援の最大の強みです。地味ではありますが日常的なやりとりすべてが見守りとなり、Aさんがより上手に生活するための原動力となっているのだと考えています。

❸ 相談支援事業所での実践

1）事例概要

本事例は、名古屋市総合リハビリテーションセンター（以下、名古屋リハ）の入所による生活訓練の社会的リハビリテーションの段階から、就労継続支援A型事業所（以下、A型事業所）を利用する社会参加への支援、そして自己実現や生活の安定に向けた精神

的充足の支援につながる、本人（Mさん）が暮らしたい町へ引っ越しをするまでのプロセスを支援したものです。2年10か月間の支援のなかで、うまくいかないことの原因は周りにあるという認識が強く支援困難な場面がありましたが、ストレスとうまく付き合うことを目指してストレングスを活かしながら関係機関と連携した事例です。

　Mさんは現在30代の女性です。19歳のときにロードレース（自転車競技）練習中に交通事故に遭い、脳外傷後の高次脳機能障害の診断を受け、記憶障害や遂行機能障害が残存しました。そのため、物事を順序立てて考えることが苦手で、何が課題でどうするべきか、自分だけでは理解することが難しい場面がありました。対人関係がうまくいかず、精神的に不安定になることがたびたびあり、対人関係のトラブルにより、何社も転職した経歴があります。私たちが支援する過程でも、入所施設を強制退所となり、自立訓練による通所へ変更、その後は、A型事業所を2か所変更しています。

　困難を抱える反面、Mさんが得意なことややりたいことには、とことん打ち込める面があり、特に車いすマラソンでパラリンピックに出ることが夢だと語るほど、車いすマラソンにはとても熱心に取り組んでいました。その点は、Mさんのもつストレングスとしてとらえていました。

　また、高次脳機能障害に加え身体的障害もあり、右手指機能の著しい障害4級、右下肢機能全廃3級、感音性難聴2級と記載された身体障害者手帳1級を所持していました。移動時の状況は、屋内を杖のロフストランドクラッチで独歩、外出時は車いす自走でしたが、車いす操作はとても上手で、ウイリー走行●Wordや10センチ程度の段差昇降ができます。「これくらいのことは余裕」と、何度か自慢げに披露して見せてもらいました。また、車いすを自分で車に積み込み、車を運転することもできますので、外出時の移動手段や外出先での車いす移動に関しては、あまり支障はありませんでした。

　環境面では、協力的な家族と生活をしていましたが、両親とはお互いにさまざまな葛藤や軋轢を抱えながら暮らしていました。さらには、Mさんが生活する町は、公共交通機関や店舗など、ハード的側面でMさんが希望する環境が整っていないことが、生活全般がうまくいかない原因だと訴える一面もありました。

2）アセスメント

　Mさんは、交通事故後に一人暮らしと就労をしていた経験もあり、ADL、IADLとも

> **Word　ウイリー走行**
>
> 車いすの前輪を上げて走行すること。腹筋、背筋等を使い前輪を上げるため、バランス感覚が求められる。車いす操作に熟達していなければ行うことは困難である。このウイリー走行により、段差の昇降が可能となる。

に自立度は高いほうです。また、生活環境が親に頼れる状況でもあり日常生活に関する領域では、困ることなく過ごすことができました。一方で高次脳機能障害の症状にかかわる課題では、特にコミュニケーションスキルに関する領域や社会生活技能に関する領域について、特徴的な行動が見て取れました。アセスメント内容の詳細については省きますが、ポイントは以下のとおりです。

コミュニケーションスキルに関する領域では、自分の思いを通そうとする場面で声が大きくなり乱暴な言い方になってしまい、他者からの意思伝達の理解は、自分に都合のよいように解釈をする傾向がありました。

社会生活技能に関する領域では、対人関係で自分の意図しない内容になると腹を立てる場面が多々ありました。過去の職歴中でも、仕事の手順がわからない、仕事が覚えられない、言われたことが通じないのみならず、人間関係がうまく築けなかったことが、職を転々としてきた原因の一つといえるでしょう。

また、身体的障害がある点が、社会生活を難しくする一つの要因ともなりました。前述のように車いす操作が熟達していたにかかわらず、何か気に入らないことがあると、事業所内に段差があるから通えないというふうに困難の理由づけをしました。また、事業所や周りの人に対して、自分は身体障害があるので特別な対応をしてほしいと、一方的に無理な依頼をする場面もありました。これらのことは、社会生活技能やコミュニケーションスキルの課題と関連していると考えました。

3）サービス等利用計画の作成

2012（平成24）年から2015（平成27）年の2年10か月にわたる支援期間で、サービス等利用計画を4回作成しました。

施設入所支援以後、自立訓練開始時の計画では、認知機能の向上やコミュニケーションスキルを身につけることや電車の利用など、本人の障害特性に対する支援を中心にサービス等利用計画を作成していました。自立訓練を半年ほど利用し、次は地域の事業所等を利用して社会参加をしていく段階となりました。

次の支援を組み立てるため、名古屋リハの支援コーディネーターも含め、Mさんの意向を確認するなかで、「一般就労を目指したい」との強い希望がありました。しかし、一般就労が可能な状態ではなかったため、変更したサービス等利用計画では、A型事業所の利用に合わせ、社会に出るために就労経験を積む視点を盛り込みました。また、就労による収入を得たいとの希望も強くありましたので、できる仕事を活かして労働の対価としての賃金を得ることも意識したサービス等利用計画としました。

当初のサービス等利用計画から一貫して大切にしてきたのは、「ストレスとどのように付き合うか」という視点です。Mさんには、得意なことややりたいことにはとことん打

ち込める一面があり、好きなことをしている時間がとてもストレスフリーであるという印象でした。対人関係でストレスをためがちなMさんにとって、いかにストレスをコントロールできるかは大切で、そのために福祉サービスとは直接関係のない車いすマラソンの練習を明確に位置づけ、ストレスコントロールの手段であることを視覚化して、Mさんにもわかるようにしました。サービス等利用計画が課題に対する目標ばかりで、Mさんの負担感になりすぎないように、また、支援者側もMさんが大切にしたいことを認めていることを示すためにも、車いすマラソンに関する記述を明記することはとても重要なポイントだったと感じます。

4）支援の経過

　当相談支援事業所が支援を開始した2012（平成24）年、無事に入所支援が開始されたところでしたが、1週間が経過した頃に施設内ではさみを投げる、廊下を車いすでスピードを出して走るなど、社会的な問題行動があり、入所の継続が困難となりました。そのような行動が現れた理由として、他者との関係性においてストレスを感じるなかで、我慢の限界を超えた状態になってしまったと考えられます。

　名古屋リハのスタッフと当相談支援事業所で個別支援会議を行った結果、通所による自立訓練に切り替えることになり、公共交通機関での通所となりました。しかし、通所に際して駅での他者との接触や踏切を渡るときの線路のくぼみ、または電車とホームとの段差など、多くの問題をMさんが指摘する時期がありました。

　自立訓練が終わり、地域の就労継続支援事業所へ通所することとなりました。Mさんは、お金を稼げるA型事業所を希望するものの、周りの支援者は就労継続支援B型のほうが適しているのではないかとの判断でした。最終的にMさんがどうしても最低賃金が稼げるA型事業所を希望したため、希望事業所を三つにしぼり見学のための同行支援をしました。見学同行を行うことで、Mさんだけの一方的な解釈にならずに一緒に検討することができたので、支援者が現場を確認することはとても大切でした。

　Mさんが決めたA型事業所への通所が開始され、トラブルもなく過ごしていけるかと思いましたが、2か月を経過する頃には、事業所内の環境や作業内容への不満が生じ、精神的にも身体的にも限界になってしまいました。この頃から、パソコンを使った仕事を強く希望し、偶然にも近隣市にあるA型事業所でイラスト作成などの業務に就くことができました。車で1時間程度かかる事業所でMさんが了解したうえでの利用でしたが、ある日、「遠いから疲れる。在宅での就労ができないか」との訴えもあり、A型事業所を利用しての在宅就労に切り替えました。

　在宅就労は、他者との接触がないため社会的なストレスが少なく、精神的に安定しましたが、今度は貸与されたパソコンの性能がよくないと訴えるなど、次々と困難な状況につ

いての訴えが続きました。それらに対しては、一つずつ向き合うしかない状況でした。

5）かかわりのなかで大切にしたポイント
① 個別支援

　Mさんは自分ができないことや不都合なことに対して、周りに原因があると訴えることが多くありました。また、できることがたくさんあるにもかかわらず、できないことを探してしまうような言動が多くみられます。

　そのようなMさんからの訴えのなかで、支援者側に求められたことは、とことんMさんと向き合うことだったと感じます。Mさんと向き合うためには、まず話を聞くことが大切であり、話を聞いた結果、どのような課題があり、何をしていくべきかを考え、実直に対応していきました。しかし、無理難題を一方的に押し付けてくることもあるため、時に対峙しながら一線を引いた対応をする場面もありました。また、Mさんと一緒に事業所へ見学に行くなど、Mさんが目にする空間を一緒に見て、Mさんと一緒に課題の共有やフィードバックをしたり、開催した個別支援会議の内容を事あるごとにMさんへフィードバックすることで、ぶれない支援を心がけました。

　サービス利用開始前には、作業内容や環境面、配慮してほしいこと、または事業所ができることなどを一つずつ丁寧に確認し、Mさんも納得したうえで新たな支援をスタートさせてきました。しかし、時間の経過とともに、作業内容や作業環境のこと、周りの利用者や職員のことに対して、Mさんから問題視する声が出てきました。実際に作業内容の問題もあったかと推察しますが、Mさんが問題視する背景には、対人関係や細かいことが気になる、そして社会的なルールがあるなかで過ごさなければならないなど、ストレスが重なり、精神的に不安定になっていると考えられました。

　そのため、さまざまな問題が起きるたび、早期にストレス要因を特定していくことも必

要となり、話し合いを重ね、置かれている状況をフィードバックすることを繰り返しました。効果的なフィードバックは、課題などを文面にして視覚化することでした。自立訓練ではメモを取ることを重点的に訓練してきたこともあり、Mさんも書かれた文章が自分の状況を理解するために大切な方法だと認識をしていました。

　また、コミュニケーションでの課題があるため、電話でのやり取りでは、うまく伝わらないことや話がまとまらないことが多く、話の途中で腹を立てる場面がありました。そのような状態を避けるため、Mさんと直接会って話す機会をつくるように努めたこと、話をする前に今日は何を話したいのかをまとめたものを作成するように促したことも大切なポイントでした。

② 連携支援

　今回の事例では、相談支援専門員としてさまざまな調整を担いましたが、各支援の場面で多くの問題が起きるため、必然的に連携を図り、課題解決や情報共有をする必要がありました。

　また、サービス等利用計画の活用により、他機関との連携を図りやすい環境にもなりました。相談支援専門員がMさんのニーズや課題と支援目標などのアウトラインを示し、具体的な支援を各事業所の個別支援につなぐことができます。サービス等利用計画は、情報共有ツールとしての役割を担い、連携をスムーズにし、困難な側面を抱えるMさんに対して、よき理解者を増やすためにも活用しました。

　連携のうえでとても大切であったことは、支援者がチームとなり、支援者がぶれない支援を行うことです。Mさんの特性から、何かできないことや困難なことを探してしまうことがあるため、一貫した支援をどのように行うかがポイントとなります。一貫した支援を確立するために開催した個別支援会議は、専門支援機関である名古屋リハの支援コーディネーターを含め7回、専門支援機関を除き7回、2年10か月の期間で合計14回開催しています。

　個別支援会議で整理した課題や対応方法を支援者間で共有できるように努めたこと、また、主治医とのつなぎを名古屋リハの支援コーディネーターが担ってくれたことで、医療との連携もスムーズにできました。なお、主治医からの一言はMさんにとって強い影響力があり、受け入れやすい側面をもっていましたので、困難なときには主治医との連携が図れたことがとても大切だったと感じています。

6）まとめ

　今回の実践では、社会的リハビリや社会参加としての就労の訓練、最終的には自己実現のために車いすマラソンへの取組みなどを活用しながら、生活のバランスを保つことで、

ストレスのコントロールを図ることを大切にしてきました。

また、サービス等利用計画を作成するために各支援段階において何が課題なのか、何を目標としていくのかを支援者が的確にアセスメントができることの大切さを感じたところです。

地域生活支援を行うにあたり、相談支援専門員の役割はコーディネート、ネットワーク、ネゴシエイトなどを担うのですが、まずはMさん本人と向き合い、時には対峙して一定の距離を置いた支援をすることが必要だと考えます。本人は独特な解釈をするなど、遂行機能障害による困難さがありますが、できないことや問題を減らしていく支援だけではなく、できることを活かすことで、個人の尊厳や本人のモチベーションを上げる支援につながりました。今回、家族を含めた支援者からの反対があるなか、希望するまちでの生活を後押しした一人として、本人の希望に向け、本人の特性にも寄り添う「伴走型支援」の大切さを実感したところです。支援者がハードルを設定するのではなく、時には見守りながらの対応も必要だと、気づかされました。

そして、ぶれないチーム支援を行うために、関係者と連携を図り、日々の情報共有や個別支援会議において支援方針を確認しながら、本人や支援者間で課題などのフィードバックを繰り返すことの大切さや、サービス等利用計画を連携のツールとして有効活用できました。

最後に、多くの関係者が密に連携を図ることで、結果としてMさんの地域生活支援にチームで対応できたこと、また、Mさんという存在が関係者をつないでくれたことに感謝します。

第2節 精神科医療との連携

❶ 連携の必要性と連携の仕方

脳外傷後に生じる精神症状について[1]、幻覚・妄想が持続する統合失調症様症状は数パーセントにみられ、うつの頻度はそれよりはるかに高いといわれています。また脳外傷後のうつの発症には社会的な要因が影響しているとの報告もあります。うつやアルコール依存症は受傷後数年から十数年という長い経過のなかで生じる場合も多いため、長期の支援が欠かせません。社会参加がうまくいかない背景に精神症状をかかえていることも多いのです。

第4章ですでに述べたように、地域生活を支援するうえで精神科との連携は重要になっ

てきていますが、なかなかうまく連携できないことが課題です。高次脳機能障害者はリハビリテーション科、神経内科、脳外科などの身体科にかかっていることがほとんどであり、身体科医は精神科医となじみが薄いのが一般的です。

　次の「❷脳損傷後に生じる精神障害と対応」では名古屋リハと精神科医が連携した支援で不適応が改善した事例を通して、脳損傷後の精神科治療について紹介しています。家族からの強い要望で、講習会でテーマとしてとりあげて講演いただいたものです。

　どこの精神科医が高次脳機能障害を理解して治療にあたってくれるかわからない、そのような精神科医をどのように探せばいいのか教えてほしいとの相談を、家族から受けることがよくあります。名古屋リハが、講師の精神科病院とつながったのは、同病院から紹介された脳外傷者が、認知リハビリテーションや職能訓練は名古屋リハが担当し協働して支援することで、地域の作業所に通所しながら安定した生活が送れるように改善したことが始まりです。その後、同病院の他の先生方も診療にあたってくれるようになり、一筋縄ではいかないような患者さんたちを次々に引き受けて治療をしてくれるようになりました。もちろん精神科の治療ニーズは高く、一般的な精神科クリニックを利用している人もたくさんいます。

　岐阜県では支援ネットワークのなかに脳外科医やリハビリテーション科医のみならず精神科医にも加わってもらうようになりました。各地の実情に応じて高次脳機能障害に理解のある精神科医を発掘してつながっていくこと、そのためには高次脳機能障害を支援するスタッフが積極的に精神科治療に関心をもつことが大切だと考えます。

　精神科を受診することについては、当事者や家族に抵抗がある場合もあります。しかし、高次脳機能障害が精神障害者福祉の対象になったこと、うつ病のキャンペーンを通して精神科受診へのハードルが低くなったことなどから、以前に比べると受診してもらいやすくなりました。本人・家族の納得を得るためには、治療導入のメリットのみならず、精神障害者保健福祉手帳を取得することで福祉サービスが受けられるようになることや年金や障害者雇用の対象となるなどのメリットを丁寧に説明していくこと、すでに精神科を利用している他の高次脳機能障害者や家族の話を聞いてみることをすすめるなどもよいでしょう。

　主治医は紹介状を書くことに慣れていますが、福祉関係者は経験が乏しい場合が多く、せっかく情報提供をしても、有効に活用されないことがあります。福祉関係者は面接に1時間をかけるのは当たり前かもしれませんが、病院の診察では長くても30分、短い場合は数分で治療方針を出さなければなりません。したがって、一目でわかる紹介状ないしは情報提供書でなければ読んでもらえないと思ったほうがよいでしょう。

　一目でわかる量の目安は、A4版で1枚程度にまとめたものです。以下のような事項が含まれます。受診をすすめた理由には、本人の訴えのみならず支援者が見立てとして考えていることも書いておいたほうが役に立ちます。また、連携が基本ですから、紹介した機

関が今後どのように支援していくつもりかも簡単に記載しておきます。

- 受傷・発症の原因と経過
- 生活状況（経過および現状、精神面についてもふれる）
- 受診をすすめた理由（本人の訴え、支援者が気になっている症状など）
- 紹介した機関における対応方針

■受診をすすめた理由（例）
　本人から「受傷後、声が聞こえてくるようになり、いろいろ問われるので答えていた。リハビリをするようになってから『何をやっているんだ、どうしてできないんだ』と責められる内容が多くなって、声が聞こえてくるとじーっとして動けなくなる」との訴えがあります。ご家族は近医を受診して統合失調症と言われたが、受傷前にはなかった症状なので納得できないと言っています。脳損傷後の精神症状が疑われますので、貴院での診察を本人・ご家族にすすめました。診断をしていただくとともに必要に応じて治療をお願いします。

❷ 脳損傷後に生じる精神障害と対応

1）脳損傷後の精神症状

　私は外傷後の精神障害の専門家ではありません。外傷後の精神障害の専門家は、日本にほとんどいないのが現状です。

　本項では、脳損傷後の精神症状にはどんなものがあるのか、次いで脳損傷後の障害はどのような全体の構造をもっているのかについて述べ、その後で治療的対応について説明し、最後にリカバリーと援助的態度について解説します。

　脳損傷を起こす原因はたくさんあります。最も多いのは交通外傷による脳損傷ですが、その他には脳血管障害や、脳炎、低酸素脳症もあります。アルコール（お酒）やシンナー、一酸化炭素の中毒もあります。また、SLE（全身性エリテマトーデス）▪Wordなどの自己免疫疾患でも脳損傷が起こります。今あげたように原因はさまざまあるのですが、原因によらず脳損傷後によくみられる精神症状があります。

　それは、幻覚や妄想と、うつになったり躁になったりする気分症状ですが、一番よくみられるのは非常に攻撃性が高まってささいなことでカーっとなるというような症状です。その他、脳損傷に限らず精神疾患でみられるほとんどすべての精神症状が、脳損傷後にもみられます。その点では脳損傷後の精神症状への対応というと精神疾患も全部説明しなけ

ればならなくなりますが、ここでは幻覚妄想状態、抑うつなどの気分の問題、それから衝動性や攻撃性の問題について説明します。

　もう一つ、精神症状ではありませんが脳に損傷を負って認知機能が落ちると、「このような障害を負ってしまって私にはあまり価値がない」というような、生きていてもしようがない、周囲に迷惑をかけるというような負い目を感じたり、自信をなくしたり、自分の価値を低くみてしまったりという、心の体験が起こります。こういう体験も、本当は治療的対応のターゲットだと考えています。

2）脳損傷後の障害の構造

　「障害」と一言でいいますが、脳の損傷が起こると、記憶、注意、遂行機能や処理速度の低下などいろいろな認知機能障害が起こります。認知機能障害から精神症状が起こることもありますし、脳の損傷がそのまま精神症状につながることもあります。障害そのものがストレスになりますし、障害を負うと暮らしにくい、適応しにくいということで、適応の難しさから精神症状が出現することもあります。さらに認知機能障害や精神症状によって、生きていく能力にも障害が生じます。生きていく能力というのは大きく分けると、「ソーシャルスキルズ」という社会技能と「リビングスキルズ」という日常生活技能の二つに分けられます。ソーシャルスキルズというのは対人コミュニケーション技能のことで、リビングスキルズというのは毎日生きていくためのいろいろな技能を意味します。きちんと薬を飲む、映画を見たいので映画館に移動する、部屋をきれいにする、献立を考えるなどのいろいろな技能です。それと同時に、社会的なハンディキャップが生じます。精神症状や認知機能障害のために社会参加が制限されたり、偏見の目で見られたり、利用する資源が少なかったり、仕事ができなければ経済的問題に直面したり、さまざまな意味でハンディキャップ、参加の障害が生じます。このようなことの全体を通じて、「体験の障害」が生じます。

　高次脳機能障害による障害は、認知機能障害が起こったり、精神機能の障害として精神症状が残ったり、生きていくためのスキルが障害されたり、社会でのハンディキャップを負ったり、自信をなくしたり負い目をもったりする「体験の障害」が生じたりと、いろいろな水準での障害が起こるのです。

> **Word　SLE**
>
> Systemic Lupus Erythematosus の略。日本語で全身性エリテマトーデスまたは全身性紅斑性狼瘡という。自己免疫疾患の一つで、本来は細菌やウイルスの攻撃から身を守るための免疫系が、自分の体を攻撃するために起こる病気であり、発熱、全身倦怠感などの全身症状と、皮膚、関節、腎臓、肺、中枢神経などにさまざまな症状が一度に、あるいは経過とともに発現する。

それぞれの障害に対して、まず認知機能障害については認知機能回復のためのリハビリテーション――これこそ名古屋市総合リハビリテーションセンター（以下、名古屋リハ）の主たる機能ではないかと考えますが――があります。最近はやっと精神科でも取り組み始めています。当センターでもチームをつくり何とか取り組みたいと準備をして、最近になって試行を始めました。

　本題である精神機能の障害、精神症状については、基本的にはまずは薬物療法が必要になります。能力の障害については、心理社会的リハビリテーションがその武器になります。社会的ハンディキャップに対しては、社会的な福祉的支援が対応の手段になります。最後に体験の障害については日々接する我々治療者や援助する人の日々の態度、つまり広い意味での精神療法ですが、これが心の体験の障害から救い出す武器になろうかと思います。

　それぞれの水準の障害に対して、それぞれ認知機能リハビリテーション、薬物療法、心理社会的リハビリテーション、社会的支援、精神療法というように、それぞれ別個の治療的武器があると説明しましたが、実際はこれらの障害はみな関連しています。例えば障害を負って収入がなくなって非常に経済的に苦しい人が、社会的援助として障害年金をもらうとずいぶん気持ちが安心する、気持ちが安心するとスキルが向上する、気持ちが安心すると精神症状が和らぐ、精神症状が和らぐとリハビリに身が入って認知機能も改善する、といったような例はいくらでもありますから、それぞれが関連しているということをまず理解しておく必要があります。

　もう一つダイナミックなモデルというものがあります。脳の損傷を負った人にはさまざまな心理社会的ストレスが加わります。それに対して薬やいろいろなカテゴリーの治療援助がこの個人を症状や障害から守る防御因子になります。これをうまくはたらかせることができるかどうかで、ストレスに囲まれた脳損傷を負った個人の精神症状や精神障害が軽減するかが決まります。あわせて認知機能障害やハンディキャップや体験の障害がどのようにうまく改善していくか、ここが防御因子として重要だということになります。糖尿病に置き換えて考えてみると、糖尿病になりやすい体質をもった人がいて、その人が物をたくさん食べる、その人が全く運動をしない、それに対して適切な食事や運動、薬などが防御因子となって糖尿病のコントロールが決まっていく。それと同じように、脳の損傷を負った人にいろいろな心理社会的ストレスが加わることに対して、いろいろな治療的防御を行うかどうかで障害や症状の成否が決まってくる。こういうダイナミックな考え方があります。

3）薬物療法

　精神科で使う薬のことを「向精神薬」といいます。向精神薬の「向（コウ）」という字は「向かう」という字です。精神の機能、精神のはたらきに向かって作用する薬、こういっ

た薬を向精神薬といいます。向精神薬はざっとあげると九つくらいの大きな分類があります。抗精神病薬、抗不安薬、抗うつ薬、気分安定薬、睡眠薬、精神刺激薬（覚醒剤のことを指します。覚醒剤が治療に必要な病気もあります）、抗けいれん薬、抗パーキンソン薬、抗酒薬です。「コウ」という字ですが、向精神薬というときは向かうという字を使い、抗精神病薬のようにそれぞれの分類で使う際には抵抗の「抗」という字を用います。

1　幻覚、妄想

　原因によらず、脳損傷後によくみられる精神症状として「幻覚」や「妄想」があります。幻覚や妄想の薬物療法は主として抗精神病薬で行います。抗精神病薬は強力精神安定剤といったり、神経遮断薬といったりします。「幻覚」といってないはずのものが見えたり、「幻聴」といってそこに誰もいないのに頭の中に直接声が聞こえたり、「妄想」といって「自分を狙っているやつがいる」「みんなが自分を笑っている」など、誤った（事実ではない）考えが生じたりすることがあります。抗精神病薬を適切に使用すると幻覚や妄想は完全になくなったり、相当軽減したりすることがあります。幻覚や妄想がなくなるとなぜよいのかというと、不安や恐怖が減ることで焦りやいらだちが減り、心のゆとりが生まれるからです。そうすることで、リハビリや生活に集中することができるようになります。

Aさんの例

　交通外傷により左側頭葉脳挫傷とびまん性軸索損傷を負った40代の女性です。いろいろな認知機能障害が出現しましたが、けがをした半年後くらいから「周りの人に噂されている」「頭の中に携帯が入っていていろんな声が聞こえてくる」というような幻覚妄想状態が出現して、「私のことを何か噂している」「誰かが携帯を入れて私にしゃべる」と怒りっぽくなってしまいました。抗精神病薬であるリスペリドンという薬が4mg投与されました。これで怒りっぽさはかなり消えましたが、幻覚や妄想はなかなか改善しなかったため当センターへ紹介されて来ました。リスペリドンの効果が不十分であったため、別系統の抗精神病薬に変更したところ、幻覚妄想は気にならない程度まで改善しました。完全になくなることはありませんでしたが、多少聞こえても気にならないし、これは幻聴であるから気にする必要はない、無視すればいいというふうに受け止めることができるようになって、幻聴が生活に直接支障をもたらすということはほぼなくなりました。リスペリドン4mgの投与は量としては多量というわけではなく、12mgまで使っていいので増量することも考えられます。ただ、脳損傷のある人は副作用が非常に出やすいため、なるべく少ない量の薬を投与するというのが原則です。その時点でリスペリドンを増やすのは断念し、一つの抗精神病薬で効果が不十分の場合、別系統の抗精神病薬に変更する、

> という方針を取って薬を変更しました。その結果、比較的効果が現れて、まあまあうまくいったというわけです。

　抗精神病薬の系統は大きく分けると4種類ぐらいあります。4種類の系統のそれぞれ一つずつにまた何種類あるいは何十種類もの薬があるので、全部合わせると非常にたくさんの薬があります。一系統のうちのある薬を使う、それで不十分な場合には別系統の薬に変える、これが原則です。系統の異なるいくつかの抗精神病薬を単剤で投与しても効果が不十分の場合にはじめて抗精神病薬を2種類使うという方法もありますが、こういうことはなるべくしないで1種類の抗精神病薬を使用する、しかもなるべく少なくするというのが原則となります。抗精神病薬にはさまざまな副作用があります。精神神経系の副作用もあれば、消化器系・泌尿器系の副作用もあれば、内分泌系・代謝機能についての副作用もあります。副作用が生じたときにすぐ薬をやめると、せっかく期待できる薬の効果を発揮できないことになります。服薬を開始して副作用が出現しても、少し時間が経てば体が慣れてなじんでくると副作用が減ってくることが非常に多いので、身体が慣れるまで待つことが副作用対策の第一歩となります。あるいは、朝に服薬すると日中副作用が出てつらいので夜寝る前に飲むというように、夜なら寝ている間に多少副作用が出てもいいのではないかという考えもあるので飲み方を変えてみることや、系統の異なる抗精神病薬に変えたり、可能なら薬の量を減らすことが次の対策となります。それらの方法によっても副作用が軽減しないときは、副作用を軽減するための薬を追加で飲むという選択もあります。副作用を軽減する薬もいろいろありますが、副作用を軽減する薬を飲むとその副作用を軽減する薬の副作用がまた出るという"いたちごっこ"にもなりうるので、これはなるべく控えることが重要です。多くは、薬を変える、薬の量を減らすという手段を取りますが、第一の副作用対策、つまり副作用が軽くなることを少し待つということも非常に大切です。

2　気分症状

　気分症状としては、うつ状態、落ち込んで意欲がなくなってあまり動けなくなってしまうことや、脱抑制、躁状態——こちらは妙にブレーキが外れて浮いて喋り過ぎたり、動き過ぎてしまう、行き過ぎると気が大きくなり何でもできる気になって物をポンポン買うと気がついたら借金だらけ、というようなこと——も起こります。そのような気分の症状に対しては抗うつ薬、気分安定薬や抗精神病薬を使います。抗精神病薬はさきほどの幻覚妄想に使った薬と同じですが、意外とこれも効きます。このような3種類の薬が使われます。抗うつ薬は当然ながら憂うつ気分やうつに伴うイライラ感を改善したり、意欲を引き上げてくれたり、うつに伴う不安や不眠を改善してくれたりします。気分安定薬はうつにも躁

にも効くという薬ですが、うつに対する効果は抗うつ薬ほどではありません。気分安定薬は、うつ状態や躁状態を改善しますが、再びそれが起こること、つまり再発を予防する効果もあります。抗精神病薬もうつや躁状態に効きますが、抗うつ薬や気分安定薬で効果が不十分な場合の補助薬として使われることが一般的です。

> **Bさんの例**
> 　30代の女性です。脳損傷の前からもともと躁うつ病の傾向がありました。脳の損傷後は躁うつ病の傾向に加えて高次脳機能障害が起こり非常に暮らしにくい状態となりました。Bさんは躁になったりうつになったりという状態がなかなか改善せず安定しなかったため当センターに紹介されて来ました。ただでさえ脳損傷の人は薬に耐える力が非常に乏しいのですが、Bさんは特別に乏しいほうでした。ちょっと薬を足したり増やしたりすると非常に副作用が出やすいということで、薬物療法も難儀した人です。いろいろな薬を試してみましたが、なかなか軽快しませんでした。最終的に気分安定薬であるバルプロ酸と抗精神病薬のアリピプラゾール、この2種類を使うことで一定の改善が得られています。それでもなお不安定なときがあり、そういうときには気分安定薬や抗精神病薬の効果を強めるといわれる抗不安薬ロラゼパムを頓服（症状が出たときに薬を飲む）として随時使用することで、日々を乗り切っています。

　抗精神病薬と同じように、脳損傷のある人は副作用が出やすいため、少量投与でゆっくりと増やすことが原則になります。抑うつ症状のみがある人は抗うつ薬が効きますがうつと躁が両方ある、すなわち双極性のある人がうつになったときに抗うつ薬を使用することは推奨されません。双極性のある、うつにも躁にもなる人がうつのときに抗うつ薬を使うと、「急速交代型」といってうつになったり躁になったりを非常に短期間で繰り返すような状態になることがあり、治療しているのか悪化させているのかがわからない状態になることが間々あります。双極性のある気分症状の人には、たとえその人がうつになっても抗うつ薬は使わない、しかしながら気分安定薬をしっかりと使ったうえでうつのときに抗うつ薬を使うことは、急速交代型となるリスクをかなり下げるので、場合によってはその選択もあり得ます。原則として抗うつ薬、気分安定薬、抗精神病薬で治療していきますが、それでもなお不安定なときは、効果の増強を求めて抗不安薬を安定しないときだけ一時的に2週間使うとか、あるいは時々頓服を処方するという形での治療も行います。

③ 衝動性、攻撃性の亢進
　衝動性、攻撃性については、抗精神病薬がその武器になりますが、効果不十分なときに

は気分安定薬を使います。

> **Cさんの例**
> 　40歳の男性です。もともと非常に穏やかで優しい人柄でした。しかし、脳の損傷後はちょっとしたことですぐカーッとなって、家の中でも大声でどなるので家族が怖がるようになってしまいました。一番カーッとなるのは運転中で、運転中に周りの車が少しでも変なことをするとカーッと怒るというような症状が出ました。同時にCさんには抑うつ症状もあり、リハビリに対する意欲が乏しくて、なかなかリハビリに参加することができませんでした。このような状態だったために当センターに紹介されて来ました。抗精神病薬のリスペリドン2mgを投与すると衝動性、攻撃性はほぼ消失し、今は全くありません。その後、攻撃性が消えたということでリスペリドンを2mgから0.5mgまで減らしましたが、衝動性や攻撃性が出現することはありません。しかし、それらの再発を防ぐため最少量を今も服薬してもらっています。一方で抗うつ薬も併用してリハビリテーションに取り組み、今は正規就労ではありませんが仕事もしています。Cさんのことを、家族が非常によく理解してくれました。家の中でカーッと怒ってもこれは症状だからというように理解して受け止めてくれたことがCさんの支えとなりました。

　ここまで述べてくるとすべての例で何か薬だけでよくなっていると思うかもしれませんが、実際には薬と同時にいろいろな治療、精神療法や心理社会的リハビリテーションなども行っています。そういうものが総合的に効果となって出現しているわけですから、薬としてはこのような効果があったという説明として理解してください。次に薬が万能ではないという一例を説明します。

> **Dさんの例**
> 　40代の男性で、非常に穏やかで優しい人柄でした。ただもともと非常に正義感の強い人で脳損傷後にそれが先鋭化しました。極端に正義感が強くなったのです。このような性格の先鋭化というか極端化というのはよくあります。それで少しの不正でも許せなくなって、バスの中や街で不正を見つけると放っておけずにガーッと文句を言ったり、場合によると暴力を振るってしまったり、相手の持っている物を壊してしまったりということもあって、当センターに紹介されて来ました。Dさんは外来で攻撃性のコントロールがなかなかできず、暴力や器物損壊をくり返していました。警察にも何回か逮捕されました。非常に真面目で動機が正義感に基づくものなので、警察側も何回かは「そういうことをやってはいけない」と説諭して帰して

くれたのですが、度重なってついに捕まってしまいました。しかし、病気があるということで裁判や司法の対象とはせず、入院になりました。入院治療では抗精神病薬だけでは効果が不十分なので気分安定薬も併用しましたが、なかなか効果は出ませんでした。そこで怒りのコントロールプログラムという小集団での認知行動療法を行い、だいぶコントロールができるようになったので退院が可能となりました。

4）心理社会的リハビリテーション

　心理社会的リハビリテーションの目的は、第一に「ストレスにどう対処するか」ということを学習することです。問題が発生してうまく解決できなければ当然ストレスが増えます。ストレスが増えれば、みなさんがよくご存知のような胃潰瘍や高血圧という病気だけでなく、どのような症状や障害もストレスによって悪化します。そういう意味でもストレスに対処する技能をリハビリテーションで獲得してもらうことはとても大切なことです。ストレスに対処するには、問題を解決する技能が必要ですが、自分の気持ちを相手にきちんと伝える技能、対人コミュニケーション技能も非常に大切です。実際には、簡単に問題解決できるようなことではないことが、ストレスになります。もちろんストレスとなる問題を解決できれば一番よいのですが、実際には問題やストレスを抱えながら生きていかざるをえません。そういうときに自分がストレスや問題を抱えて「非常にしんどい」ということをきちんと相手に伝える、そして相手がそれをよく受け止めてわかってくれる、そうするとストレスや問題が解決していなくてもずいぶん楽になります。自分の苦しさをきちんと伝えるにはそれなりのコミュニケーション技能が必要です。それを学ぶことはストレスそのものを解決しなくても暮らしていくうえで非常に役に立ちます。障害をもったことそのものが最大のストレスかもしれませんが、このストレスの程度を減らすには、障害を自らきちんと受け止め、障害を理解し、それを受け入れることが必要です。もちろん受け入れてしまえばストレスがそれでゼロになるわけではありませんが、ある程度楽になります。しかし、なかなかそう簡単には受け入れることが難しい障害ですので、受け入れやすくするための心理教育も、心理社会的リハビリテーション●Word として必要になります。その他に認知行動療法●Word もあります。

1 問題解決技法

　ストレスはなくせるかというと、これは避けられるものもありますが避けられないものもあります。しかし、多くの人にとって、あるいは脳損傷をもつ人にとって非常に強いプレッシャーや露骨な感情的な表現を伴う批判は避けたいものです。問題があったら批判してもよいですが、そこに露骨な悪感情を込めずにきちんと落ちついて、できれば明るく問

題を指摘する。そして、避けられないストレスに対しては、問題解決技能や対人コミュニケーション技能を高めることによってストレスを減らすということになります。

問題解決技能の訓練というのは、多くは小集団で、次のような手順でやります。

「何か問題が生じた。さあ、困った、どうしよう」という場面で、

❶ 一度立ち止まって考えてみる
❷ 解決する方法を複数出してみる
❸ それぞれの方法がきちんと実現できるのか、その方法にどのような利点があるのか、その方法にどんな欠点があるのかを考えてみる
❹ そのなかで一番よい方法を選ぶ
❺ その方法を実現するには何が必要かを考えて必要なものを揃える
❻ 日時を決めて実行する

というようにして問題を解決するのですが、認知機能障害が発生するとこれがスムーズにいきません。認知機能障害が少ない人だと、自動的にさっと実行するのですが、認知機能障害がある人はなかなかうまくいかないため、次のようにトレーニングを行います。普通はグループで行いますが、私は診察の場で次のような要領で行っています。

問題が提示されると、援助者はみな親切なので「ではこうしたらよいのではないですか？」と言ってすぐ問題解決方法を提示してしまいます。この親切は、そのときは解決に近づくかもしれませんが、問題が起きると、またその人は誰かに問題を解決してもらわなければならなくなってしまいます。そのため、支援者としてすぐに解決法を提案するのではなく、この問題解決技能訓練の原理を用いながら一緒に解決策を見つけていくようにしています。

Word 心理社会的リハビリテーション

理学療法の身体的リハビリテーションと対比的に使用される用語で、心理的または社会的ハンディキャップを克服、軽減するためのリハビリテーションを指す。具体的には、職業リハビリテーションとしてのジョブコーチ、対人コミュニケーション技能の練習であるSST（社会生活技能訓練）や行動療法的家族指導、疾患や障害について学び障害受容を促すための心理教育、認知機能改善のためのプログラムなどがある。

Word 認知行動療法

感情、認知、行動は互いに関連しながらヒトを特徴づけている。このうち、認知と行動に焦点を当てて、認知の修正と行動の変容を促し、その結果として気持ちが楽になり感情が安定することを目指す精神療法である。感情を直接変化させるのは難しいが、認知パターンを明確化して修正することや、練習により行動を変容させるのは比較的やりやすいことを背景としている。「認知」とは、ものごとの受け止め方や考え方のことをいう。

「それは困ったね」「どんな解決があるのか一度一緒に考えましょう」「例えばどんな方法がありますか」といくつかの方法を考える、本人にも考えてもらうし家族にも考えてもらう。私も「どれがやりやすそうですか」「どれが効果がありますか」「ではそれをやってみましょう」といくつか提案します。「それを実行するには何を用意すればよいですか」「お金が必要かもしれません」など、これは高次脳機能障害の一つである遂行機能障害（実行機能障害ともいいますが）に関係しています。したがって、これは心理社会的リハビリテーションといいながらも、高次脳機能障害のトレーニングにもなると考えます。

一定の時間を割いていろいろな都合のある患者さんに集まってもらって小集団でこういった問題解決の訓練を行うことは、日本の医療制度のなかでは、なかなかやりにくいのが現状です。なので、個人的に上記のようなやり方をよく利用しています。

② 対人技能訓練

自分の気持ちを相手にきちんと伝えるやり方を学ぶ方法が「ソーシャル・スキルズ・トレーニングで、「SST」と呼ばれています。これは、対人コミュニケーション技能訓練です。具体的には自分の気持ちや考えを相手にうまく伝えられるようにあらかじめ練習することです。これも普通は小集団でやりますが、私はよく個人の診察のなかで行います。例えば、家族に自分の気持ちを伝えることをAさんと練習したことがあります。Aさんは外傷を負ってその治療を終えて、高次脳機能障害の評価とリハビリテーションのための名古屋リハへの入院も終えて、家に戻りました。しかし、Aさんは、見た目は何の障害もないような健康な姿にうつります。そのため、一部の家族は脳の損傷を負う前のAさんと同様の役割をAさんに期待するようになってしまいました。しかし、実際にはAさんには記憶障害や言語障害、認知処理のスピードが遅いといった障害があって、以前のような役割を果たせません。それに対して一部の家族が理解をしてくれず、本人に怒ったり冷たく当たったりするようになって、そのことが本人の強いストレスになっていました。そこでAさんと一緒に、家族の人にAさんの病状を説明して、一見元気だけれどいろいろな問題があるということをきちんと説明する練習をすることにしました。予行演習です。「私が家族だと思って説明してください」と伝え、うまく説明できたら「ああ、わかりました」と返し、こちらがわからなければ「じゃ、もう1回やり直しましょう」というように、コミュニケーションの予行演習をしていくと、意外と家でもコミュニケーションがうまくできるようになります。そうすると、家族もよく理解してくれて、家族との軋轢が少し減ることにつながります。

③ 心理教育

障害を受け入れるための心理教育では、まずは障害についての知識を教育します。しか

し、高次脳機能障害があるのでぱっぱと説明して、すぐに疾患や障害について理解してくれるわけではありません。したがって、わかりやすく丁寧に時間をかけて教育していく必要があります。おそらくこのようなことは、名古屋リハでも行われているでしょう。障害について理解しなければ受け入れることはできません。自分の疾患や障害を理解して、そして受け入れる。さらに知識教育と同時に最も大切なことは、問題のありかは脳損傷に基づく障害であって、当事者本人には何の問題もないということを伝えることです。よくここを間違えて、「障害」が問題なのに本人という「人間」の問題と勘違いしてしまうことがあります。そうすると、ついつい本人を責めてしまうことになります。本人も障害が問題なのに自分が悪いのだと自分を責めてしまいます。問題のありかを明確化するということを、心理教育を通じて行うことが大切です。

4 認知行動療法

いろいろな認知行動療法があります。さきほどのDさんの例で説明します。Dさんは、地下鉄の中で携帯を使っている人がいたら、カーッと怒ってその人から携帯を取り上げてしまうようなことを何回もしました。正しいけれどもやり過ぎなのです。もう少しやり方があるだろうと考えますが、しかし、怒りの感情をなかなか抑えることができない。こういう場合に感情を直接変えようとして薬で怒りの感情を抑えようとします。それがなかなかうまくいかないときには、その人の認知のパターン（ここでいう「認知」とは、記憶力、実行機能や注意障害をテストして測れる認知機能のことではなく、ものの見方・考え方のパターンのこと）にはたらきかけます。まず、自分の認知パターンをきちんと把握します。彼はちょっとした不正のときにそれを絶対許してはならないという認知パターンがあるわけです。そういう認知パターンをもっていることを本人との間できちんと共有して、そして多少の不正は見逃してもいいという考え方に変えてもらうようはたらきかけます。また、相手の不正が許せないときには、自分で解決するというのがDさんの行動パターンだったのですが、警察にきちんと訴えるというように行動を変えていく。そうやって認知の修正を図り、そして行動を変えるように行動の練習をしていきます。そういう場面を見た、出会ったということを想定して、では、そこでその人を殴るということ以外にとる行動はないか、薬を飲むとか、すぐに地下鉄の電車から降りるとか、見て見ぬ振りをするとか、こういう行動の練習をするのです。認知のパターンを見極めてそれを少しでも変える、そして今までとってきた行動とは異なる行動の練習をする。感情を変えるより、ものの見方や行動を変えるほうがむしろやりやすくて簡単です。感情はなかなか変えられない。しかし、認知や行動を変えることはできる。そして、認知や行動が変わると、その結果として意外と感情も変わってくる——これが認知行動療法の考え方です。

例えば、うつ病の治療において、「うつ」という感情を薬で治療してもなかなか治らな

いこともあります。そういうときにはその人の認知のあり方、そして認知のパターンのあり方に基づく行動、こういう部分をよく考えて共有して認知や行動を少し変えると、意外とうつという感情が和らいでくる——これが認知行動療法です。当センターでは「怒りのコントロールプログラム•Word」という認知行動療法や持続暴露療法•WordというPTSD•Wordを対象とした認知行動療法を行っています。

5）リカバリーとストレングス

　ここまで心理社会的リハビリテーションとして問題解決技能訓練、対人技能訓練、心理教育、認知行動療法について述べてきましたが、リハビリテーションという治療援助の大原則について少し考えてみます。

　「リハビリテーション」という言葉は、そもそも何かのトレーニングのような印象を受けると思いますが、決してトレーニングという意味ではありません。本来の意味は「人が何らかの原因で人間に相応しくない状態になったときに、もう一度人間に相応しい状態に復帰させる」ということです。「ハビリス」というのは"相応しい"という意味で、それに「リ」という"再び"という意味の接頭語が付いています。リハビリテーションとは、

Word　怒りのコントロールプログラム

　怒りという感情を和らげるための認知行動療法。怒りの発生につながる当事者の認知パターンを明確化して修正していくこと、怒りの表出行動を行動練習によって他者に受け入れられやすいものに変えていくことを繰り返して、怒りという感情を制御しやすい程度にまで和らげるための治療プログラムである。プログラムのためのツールが市販されている。

Word　持続暴露療法

　Prolonged Exprosure：PE療法ともいう。認知行動療法の一つで、主として心的外傷後ストレス障害：PTSDの治療に用いられる。PTSDでは、強い混乱や苦痛から逃れるため外傷体験の想起を避けるようになり、症状は長期にわたって続く。そこで、安全な治療の場において、避けずに外傷体験にふれていくことを繰り返し、過去の外傷体験はあくまで記憶であり、現在の危機ではないことを実感できるようにするためにこの治療が行われる。

Word　PTSD

　Post Traumatic Stress Disorderの略。日本語は心的外傷後ストレス障害。生命が脅かされ、著しく尊厳を傷つけられるような出来事、例えば、戦争、事故、災害、犯罪被害、被虐待などを経験すると、その後に長期にわたってさまざまな症状が出現する疾患である。原因となった出来事を心的外傷という。恐怖感、抑うつ、心的外傷体験に関連することの過度な回避、悪夢やフラッシュバックといった再体験、不眠や怒りの爆発などの過覚醒症状などがみられる。

高次脳機能障害や精神症状や精神障害をもつことが人らしく、人間に相応しく生きることを困難にして、人間の尊厳を傷つけるものであるという認識に立って、あらゆる知識と手段を総動員して、障害のある人が人間らしく生きる、人間らしく生きることをもう一度回復することを助けることです。

　身体医学の分野では、例えば白血病の白血病細胞が完全になくなることを「リカバリー」または「フル・リカバリー」といいます。しかし、精神障害や認知機能障害は完全にはなくならないこともしばしばあります。我々の領域では、症状や障害があっても人間として自己実現していく、これを「リカバリー」という言葉で表現します。「リカバリー」というのは、病気や障害によって失ったものを回復する過程であり、人生の新しい意味と目的をつくり出すことである、と辞典に書いてあります。私の尊敬する前田ケイ先生は、「精神病の症状を見るのではなく、病気をもちながらかけがえのない命を生き、社会で暮らし、再起して自分の人生を歩むこと、そのような人の存在全体を大切にすること」がリカバリーであると述べています。

　リカバリーとは何かということを、アメリカで障害のある人と精神科医が3日間合宿して一生懸命考えて、次の九つの言葉にまとめています。

❶ 積極的で持続的な個人的な過程である
❷ 症状ではなく、偏見や差別や虐待とむしろ関係する
❸ 希望が最も基本的に大切な要因である
❹ 制御と自由の感覚を得ることが大切である
❺ 自分の足跡を覚えておくことが対処に役立つ
❻ 自分を管理する対処方法が有効である
❼ 価値のある活動や人々との接触を保つ
❽ 他の人々との人間的な関係を保つ
❾ 自分の体験に意味を見出す

当事者の体験からくる言葉なので、ずっしりと重みがあります。

　リカバリーが意味するものは、その人が自分の人生における重要な決定をする主導権をもつ、その人が人生の経験を理解する、人生に前向きになる、自分のウェルネス（健康・元気）を促進する際に積極的になる、希望をもち人生を楽しむことができることであるとリック・ゴスチャ（Goscha, Rick）はいっています。症状があってもリカバリーができる。困難をもつことがないというわけでもない。薬を必要としなくなるぐらい回復するという意味でもない。その人が自分のニーズを満たすうえで自立している。薬を飲んでも、援助を受けても、症状があっても、困難があっても、リカバリーはできると考えられています。機能や症状が回復すればもちろんよいに決まっていますが、仮に機能や症状がすっかりよくならなくても、疾病や障害で失った社会的役割、自尊心、人生そのものを回復し、「自

分の人生もまあまあかな」という感覚をもつことをリカバリーといいます。

　リカバリーを達成していくために最も大切なものは、「ストレングス」だとよくいわれます。ストレングスというのは、その人がもつ強みや長所のことを指します。人柄や個性の長所や才能やその人のもつ技能の長所、その人のもつ環境の長所や強み、その人の興味や希望といった長所を指します。障害がある人を援助し治療していくには、その人の問題や症状や障害を少しずつでも改善することも大切ですが、そちらばかりに目を向けていると少し寂しい気がします。障害があってもその人のストレングスを見つけ出し、それを伸ばしていくということが援助の基本として必要だと考えています。

　Aさんという女性には強いストレングスがありました。Aさんは家族、特にお子さんの成長を願う気持ちがとても強いというすばらしいストレングスがあり、また、家族のなかで役割を果たしたいという気持ちを強くもっており、これもすばらしいストレングスでした。Aさんの治療をずっと続けてくると、Aさんの幻聴もだんだん減ってきて、最近の診察場面ではほとんどが子どものもつ課題をどう解決していくかという話ばかりになりました。こういうことが診察の中心になって、そしてこれを解決することを一緒に診察の場で考えていくうちに、だんだん子どもから信頼されるようになりました。障害がありながらも非常に頼りにされるお母さんになったと私は考えています。

　Bさんは認知機能障害が比較的強いのですが、花が大好きで季節についての感受性がすごく強い人です。Bさんにはこういうとてもすばらしいストレングスがありました。そしてBさんは、私が勧めたわけではなく、ストレングスに気づいた家族や周囲の人が本人に勧めて花や季節についての作品をつくるようになりました。障害はかなり重いのですが、パソコンで絵を描くことができます。Bさんには少し言葉の障害があります。一方で本人の知人に非常に言葉の能力が豊かな人がいますが、その人は目が見えません。Bさんが花を見て感じる美しさや季節感などを不十分な言葉で、そしていろいろなイメージを不十分な言葉で伝える。そうすると言葉が得意だけれど目が見えない人がそれを聞いて詩にするなど、2人で共同して作品を製作しています。

　ある絵に書かれた詩です。

　　秋空　明るい日差し　赤い実　あおい実　私のイヤリング

　情景や季節感が伝わるとても素敵な作品です。私の病院の診察室に貼って、患者さんや病院スタッフにも見てもらっています。Bさんは花が大好きで季節感を感じるその感受性が豊かだというストレングスを発揮して、絵を描いたり知人と一緒に詩をつくったりしています。これはその人の充実感、達成感、自己価値の回復に非常に役に立つのではないかと考えています。

　Cさんは車が大好きで車の運転も大好き――その割には車に乗ると乱暴になって困るの

Bさんの作品

コリウス
葉の中に　紫立ちたる水玉の
流れるごときその姿
山の小川の　秋模様

ですが——というストレングスをもっています。今はだいぶ落ち着いて、毎日子どもの送迎をしています。そしてついには、パート勤務で週に何日か運転手の仕事に就くことに成功しています。

　Dさんはゴルフが大好きで、非常に上手でした。大きな企業の営業職をしていました。脳損傷で認知機能が落ちたり、抑うつになったり、衝動的でカーッとなったりというようなことはありましたが、大企業ということもありかなり認知機能が落ちても、あるいは衝動性の問題があっても、復職は受け入れてもらえました。しかしながら、やはり仕事がストレスとなり、部下のちょっとしたことに対してカーッと怒ったりすると今度は怒ってしまったこと自体が自分のストレスになってしまい、抑うつ状態が悪化しました。本人も怒りたいわけではないのに脳の障害のために抑えられない、ということで、残念ながらその仕事を断念しました。大変な決断だったと思いますが、その代わりゴルフが大好きだったので休みはよくゴルフに行き、最近はゴルフ道具を扱っているスポーツ用具販売店で短時間の就労をしています。ストレングスが仕事にも結びつき趣味の活動にも結びついたという生きた実例です。

6）社会的支援

　高次脳機能障害の人の社会的な支援はまだまだ不十分であることは、私も承知しています。知的障害や身体障害には、社会は優しくなってきていると実感しています。しかし、精神障害、とりわけ高次脳機能障害についてはまだまだ社会的支援は不足しています。精神障害の病名がつくと障害年金の対象になります。Aさん、Bさん、Cさん、Dさんは全

員が障害年金を取得することができています。一方で、高次脳機能障害という診断だけではまだ障害年金の対象になりません。これからも社会的支援がどんどん広がっていく必要があると考えます。

7）精神療法と援助者の態度

　最後に、筆者の考える精神療法について説明しておきます。

　高次脳機能障害のある人は、障害をもったために負い目を感じ、自信をなくし、自己価値を下げてしまっている人が多いのが実情です。脳損傷ではない精神障害の人もしかり、脳損傷に基づく高次脳機能障害の人もしかりだと思います。

　それに対して我々援助する側が、「負い目を感じる必要はないんですよ」「自信をもってください」というように、いくら言葉で伝えたとしても、簡単に負い目を払拭できたり、簡単に自信を回復したり、簡単に自己価値を上げるなどということはできません。我々援助する側は言葉で励ます、言葉で何とかするということではなく、日々の接触や日々の治療・援助の場面で、障害をもつ人に敬意を払い、障害をもつ人の尊厳を尊び、障害をもつ人がその人の役割を果たせるよう援助し、障害をもつ人がストレングスを伸ばせるよう支援することが大切です。同時に、我々は今たまたまそういう障害をもっていないかもしれないけれど、同じ人間としていろいろな弱みや悩みを抱えて生きている、そういうスタンスで交流するといった支援的態度を、広い意味での「精神療法」と呼んでいます。

　そういった援助を続けていくうちに、本人に「障害を負ってしまったけれど、自分も人間として障害のない人と変わりはないのだ」ということが実感として伝わり、家庭や社会で何らかの役割を果たしストレングスを発揮するということを通じて、本人のもつ負い目を少しずつ減らし、多少なりとも自信を回復し、そしてもう一度自己価値を見い出す、これこそが「リカバリー」ということになります。そういう援助的態度が、我々援助する側に必要なのではないかと考えます。

　最後にみなさんに伝えておきたいことがあります。

　脳損傷がなくても、個人の高次脳機能には相当な差があります。小学校でオール1だった人もいます。小学校や中学校でオール5だった人もいます。能力が低い人もいれば能力が高い人もいます。それは当たり前です。しかし、自己を実現する、生きがいをもつ、役割を発揮していくといったことに、能力はあまり関係ないといえます。能力は高いほうがいいけれど、能力が低くても自己実現ができます。成績が低い人でもいくらでも働きがいや生きがいをもって暮らせますし、家庭で、地域で、社会で役割を発揮しています。自己実現や生きがい、役割に基本的には能力は関係ありません。まして人間としての尊厳に能力は全く無関係であることは、言うまでもありません。それならば、高次脳機能障害があっ

ても人間としての尊厳をもち、生きがいを実感し、役割を果たし、そして自己実現することはできるに決まっているのではないか——と、そのようなことをいつも考えながら、私は乏しい能力で日々診療にあたっています。

参考文献
1) 先崎章『高次脳機能障害 精神医学・心理学的対応ポケットマニュアル』医歯薬出版, 2009.

巻末資料　障害支援区分認定調査　高次脳機能障害版マニュアル

「高次脳機能障害地域生活援助者養成研究事業」作成、第5章❶障害支援区分認定調査 82頁参照

認定調査票

1. 移動や動作等に関連する項目

1-1	寝返り		特記事項
	1	支援が不要	
	2	見守り等の支援が必要	
	3	部分的な支援が必要	
	4	全面的な支援が必要	

1-2	起き上がり		特記事項
	1	支援が不要	
	2	見守り等の支援が必要	
	3	部分的な支援が必要	
	4	全面的な支援が必要	

1-3	座位保持		特記事項
	1	支援が不要	
	2	見守り等の支援が必要	
	3	部分的な支援が必要	
	4	全面的な支援が必要	

1-4	移乗		特記事項
	1	支援が不要	（身体障害もあり、車いす使用の場合）車いすとベッドとの距離感がつかめず、近すぎたり、遠すぎたりする。動作が性急、雑であり、安全配慮ができない。車いすのブレーキの掛け忘れがある。
	2	見守り等の支援が必要	
	3	部分的な支援が必要	
	4	全面的な支援が必要	

1-5	立ち上がり		特記事項
	1	支援が不要	
	2	見守り等の支援が必要	
	3	部分的な支援が必要	
	4	全面的な支援が必要	

1-6	両足での立位保持		特記事項
	1	支援が不要	
	2	見守り等の支援が必要	
	3	部分的な支援が必要	
	4	全面的な支援が必要	

1-7	片足での立位保持		特記事項
	1	支援が不要	
	2	見守り等の支援が必要	
	3	部分的な支援が必要	
	4	全面的な支援が必要	

1-8	歩行	特記事項
	1	支援が不要	
	2	見守り等の支援が必要	
	3	部分的な支援が必要	
	4	全面的な支援が必要	

1-9	移動	特記事項
	1	支援が不要	日常的に移動する範囲の場所が覚えられない。目的地を忘れる。 ドアや物にぶつかる、隅に寄り過ぎる、横道を見落とす。
	2	見守り等の支援が必要	
	3	部分的な支援が必要	
	4	全面的な支援が必要	

1-10	衣服の着脱	特記事項
	1	支援が不要	声かけしないと着替えられない。ズボンが上がっていない、シャツの裾が片方だけ出ている、ボタンの閉め忘れ、前後間違いなどがあっても気付かない。季節に合った服が選べない。事前に衣服の準備が必要。 今脱いだ服をもう一度着る。気に入った服を繰り返し着る。
	2	見守り等の支援が必要	
	3	部分的な支援が必要	
	4	全面的な支援が必要	

1-11	じょくそう	特記事項
	1	ない	
	2	ある	

1-12	えん下	特記事項
	1	支援が不要	
	2	見守り等の支援が必要	
	3	全面的な支援が必要	

2. 身の回りの世話や日常生活等に関連する項目

2-1	食事	特記事項
	1	支援が不要	個々で分けておかないと、目の前にある分だけ全部食べる。片側のおかずを見落とす。食べたことを忘れる。一つの物だけを食べ続ける。
	2	部分的な支援が必要	
	3	全面的な支援が必要	

2-2	口腔清潔	特記事項
	1	支援が不要	声かけしないと歯磨きしない。何度も歯磨きする。磨き残しが目立つ。半分だけ磨く。
	2	部分的な支援が必要	
	3	全面的な支援が必要	

2-3	入浴	特記事項
	1	支援が不要	声かけしないと入浴しない。洗体や洗髪で洗い忘れ、流し忘れ、何度も洗うことがある。拭かずに出てくる。お湯の温度調整ができない。
	2	部分的な支援が必要	
	3	全面的な支援が必要	

2-4	排尿	特記事項
	1	支援が不要	失禁の後始末ができない。失禁に気付かない。 空き時間があると何度もトイレにいく。定時誘導など失禁対策に応じない。
	2	部分的な支援が必要	
	3	全面的な支援が必要	

巻末資料

2-5	排便		特記事項
	1	支援が不要	きれいに便が拭き取れない。大量にトイレットペーパーを使い、トイレを詰まらせる。トイレを汚しても掃除しない。
	2	部分的な支援が必要	
	3	全面的な支援が必要	

2-6	健康・栄養管理		特記事項
	1	支援が不要	食事やお菓子をあるだけ食べる。体調不良や疲労時に休まない。やり過ぎて疲れる。受診時に状況を適切に伝えられない。タバコやお酒の量が多く、やめられない。
	2	部分的な支援が必要	
	3	全面的な支援が必要	

2-7	薬の管理		特記事項
	1	支援が不要	飲み忘れ、飲み間違いがある。紛失する。拒薬する。薬を飲んだことを忘れ、重複して飲む。薬箱の準備が必要。
	2	部分的な支援が必要	
	3	全面的な支援が必要	

2-8	金銭の管理		特記事項
	1	支援が不要	あるだけお金を使う。ATMの操作ができない。サラ金などに借金を作る。必要なものがあるのに、節約にこだわりすぎて使わない。何に使ったか忘れる。買ったことを忘れ、同じものを購入する。
	2	部分的な支援が必要	
	3	全面的な支援が必要	

2-9	電話等の利用		特記事項
	1	支援が不要	電話をかける時間帯や回数など、相手の都合を考えられない。場にそぐわない大きな声で話す。聞き漏らしがあり、用件を伝言できない。電話の操作ができない。相手の話を忘れる、内容が変容する。料金を気にしない。携帯電話やPCの有害サイトを使用する。
	2	部分的な支援が必要	
	3	全面的な支援が必要	

2-10	日常の意思決定		特記事項
	1	支援が不要	相談せず、1人で勝手に動き、問題を起こしたり、問題を放置したりする。指示がないと自分で決められない。こだわりに左右される。年齢不相応な判断をする。やることが決まっていないと、空き時間を自分で考えて過ごせない。
	2	部分的な支援が必要	
	3	全面的な支援が必要	

2-11	危険の認識		特記事項
	1	支援が不要	調理中、火をつけていることを忘れる。キャッチセールスに引っかかる。よく知らない人に電話番号をすぐに教える。信号を見落とす。悪天候時は外出しないなどの判断ができない。(身体機能障害もある場合)手すり等を使用せず、何度も転倒する。
	2	部分的な支援が必要	
	3	全面的な支援が必要	

2-12	調理		特記事項
	1	支援が不要	献立を考えられない。調理の手順を考えられない。レシピを追えない。2つ以上のメニューを同時に作れない。時間がかかり過ぎる。昨日と同じ料理を作る。栄養面を配慮できない。大量に作りすぎる。お茶一杯分のお湯を沸かすのにやかんいっぱい沸かす。
	2	部分的な支援が必要	
	3	全面的な支援が必要	

2-13	掃除		特記事項
	1	支援が不要	声かけしないと掃除しない。ゴミ出しの際に、地域のルールがわからない(どのゴミを何曜日にどこに出すか、どのゴミ袋かなど)。不要なものが判断できず捨てられない。隅まで掃除しないなど、不十分なまま終える。どこまで掃除したかわからなくなる。
	2	部分的な支援が必要	
	3	全面的な支援が必要	

2-14	洗濯		特記事項
	1	支援が不要	声かけしないと洗濯しない。洗濯機の操作ができない。洗濯物や洗剤の量が多すぎたり、少なすぎたりする。天候に関わらず洗濯する。
	2	部分的な支援が必要	
	3	全面的な支援が必要	

2-15	買い物		特記事項
	1	支援が不要	買うものを忘れる。スーパーで商品を探し出せない。どちらが安いか、使い切れる量などの判断ができず、選べない。不要なものを購入する。同じものを多量に購入する。収支に見合わない高価なものを購入する。買った商品を店に置き忘れる。
	2	部分的な支援が必要	
	3	全面的な支援が必要	

2-16	交通手段の利用		特記事項
	1	支援が不要	案内表示が読めない、見落とす。道順がわからなくなる。待ち合わせに間に合うように電車などに乗れない。乗り換えなのに改札を出る。切符が購入できない。乗り過ごす。迷子になった時に人に聞くなどの適切な判断ができない。
	2	部分的な支援が必要	
	3	全面的な支援が必要	

3. 意思疎通等に関連する項目

3-1	視力		特記事項
	1	日常生活に支障がない	
	2	約1m離れた視力確認表の図が見える	
	3	目の前に置いた視力確認表の図が見える	
	4	ほとんど見えていない	
	5	全く見えない	
	6	見えているのか判断不能	

3-2	聴力		特記事項
	1	日常生活に支障がない	
	2	普通の声がやっと聞き取れる	
	3	かなり大きな声なら何とか聞き取れる	
	4	ほとんど聞こえない	
	5	全く聞こえない	
	6	聞こえているのか判断不明	

3-3	コミュニケーション		特記事項
	1	日常生活に支障がない	言葉が出ない、理解できない、言い間違い、聞き誤りがある。会話のスピードについていけない。思ったことをすぐに口に出す。話が回りくどい。社交辞令を真に受ける。
	2	特定の者であればコミュニケーションできる	
	3	会話以外の方法でコミュニケーションできる	
	4	独自の方法でコミュニケーションできる	
	5	コミュニケーションできない	

3-4	説明の理解		特記事項
	1	理解できる	長い話は内容を理解できない。時間が経つと忘れる。記憶が変容する。勝手な理解があり、修正が必要。理解しているか確認が必要。言葉だけでは不十分で図や説明書などが必要。
	2	理解できない	
	3	理解できているか判断できない	

3-5	読み書き		特記事項
	1	支援が必要	読み書きできない。誤字が多い。携帯電話でメールが読めない、文字入力ができない。
	2	部分的な支援が必要	
	3	全面的な支援が必要	

3-6	感覚過敏・感覚鈍麻		特記事項
	1	ない	人ごみやうるさい環境で過ごせない。
	2	ある	

4. 行動障害に関連する項目

4-1	被害的・拒否的	特記事項
	1	支援が不要	何でも相手のせいにする。一度嫌いになった相手への感情を修正することが困難。
	2	希に支援が必要	
	3	月に1回以上の支援が必要	
	4	週に1回以上の支援が必要	
	5	ほぼ毎日（週に5日以上の）支援が必要	

4-2	作話	特記事項
	1	支援が不要	記憶の断片からもっともらしい話を作る。
	2	希に支援が必要	
	3	月に1回以上の支援が必要	
	4	週に1回以上の支援が必要	
	5	ほぼ毎日（週に5日以上の）支援が必要	

4-3	感情が不安定	特記事項
	1	支援が不要	些細なことで怒る、泣く。不適切な場面で笑う。感情に波がある。気持ちの切り替えができない。感情表出せず、無表情のまま。
	2	希に支援が必要	
	3	月に1回以上の支援が必要	
	4	週に1回以上の支援が必要	
	5	ほぼ毎日（週に5日以上の）支援が必要	

4-4	昼夜逆転	特記事項
	1	支援が不要	生活リズムの乱れがある。朝起きられない。気になることがあると眠れない日が続く。ひどく落ち込んで、日中活動ができない。時間や予定に関係なく、やり始めたらやめられない。
	2	希に支援が必要	
	3	月に1回以上の支援が必要	
	4	週に1回以上の支援が必要	
	5	ほぼ毎日（週に5日以上の）支援が必要	

4-5	暴言暴行	特記事項
	1	支援が不要	気に入らない人や気に入らないことに怒り、暴言や暴行をする。行き過ぎた正義感により、ルールを守らない人に注意し、トラブルになる。
	2	希に支援が必要	
	3	月に1回以上の支援が必要	
	4	週に1回以上の支援が必要	
	5	ほぼ毎日（週に5日以上の）支援が必要	

4-6	同じ話をする	特記事項
	1	支援が不要	予定などを忘れてしまい、何度も同じことを確認する。話したことを忘れている。一つの意見に固執し、同じ話を何度もする。
	2	希に支援が必要	
	3	月に1回以上の支援が必要	
	4	週に1回以上の支援が必要	
	5	ほぼ毎日（週に5日以上の）支援が必要	

4-7	大声・奇声を出す	特記事項
	1	支援が不要	
	2	希に支援が必要	
	3	月に1回以上の支援が必要	
	4	週に1回以上の支援が必要	
	5	ほぼ毎日（週に5日以上の）支援が必要	

4-8		支援の拒否	特記事項
	1	支援が不要	障害認識がなく支援は必要ない、何も困っていないと言う。就職支援などを受けずに自分で勝手に進める。
	2	希に支援が必要	
	3	月に1回以上の支援が必要	
	4	週に1回以上の支援が必要	
	5	ほぼ毎日（週に5日以上の）支援が必要	

4-9		徘徊	特記事項
	1	支援が不要	今、自分がいる場所が分からず、不安になりうろうろする。退職していることを忘れ、仕事に行こうとする。
	2	希に支援が必要	
	3	月に1回以上の支援が必要	
	4	週に1回以上の支援が必要	
	5	ほぼ毎日（週に5日以上の）支援が必要	

4-10		落ち着きがない	特記事項
	1	支援が不要	目の前の作業に集中できない。常に体をゆする。座っていられず、歩き回る。待っていられず勝手に行動する。
	2	希に支援が必要	
	3	月に1回以上の支援が必要	
	4	週に1回以上の支援が必要	
	5	ほぼ毎日（週に5日以上の）支援が必要	

4-11		外出して戻れない	特記事項
	1	支援が不要	目的地を忘れる。時間を気にせず、思いつくままに行動し、時間になっても戻ってこない。
	2	希に支援が必要	
	3	月に1回以上の支援が必要	
	4	週に1回以上の支援が必要	
	5	ほぼ毎日（週に5日以上の）支援が必要	

4-12		1人で出たがる	特記事項
	1	支援が不要	外出時、見守りが必要だが1人で出かけようとするため、目が離せない。
	2	希に支援が必要	
	3	月に1回以上の支援が必要	
	4	週に1回以上の支援が必要	
	5	ほぼ毎日（週に5日以上の）支援が必要	

4-13		収集癖	特記事項
	1	支援が不要	欲しいと思ったものを持って帰る。同じものをいくつも購入する。いくつもあるのに捨てられない。外出先で目にするチラシや無料の雑誌を大量に持ち帰る。
	2	希に支援が必要	
	3	月に1回以上の支援が必要	
	4	週に1回以上の支援が必要	
	5	ほぼ毎日（週に5日以上の）支援が必要	

4-14		物や衣類を壊す	特記事項
	1	支援が不要	
	2	希に支援が必要	
	3	月に1回以上の支援が必要	
	4	週に1回以上の支援が必要	
	5	ほぼ毎日（週に5日以上の）支援が必要	

巻末資料

4-15		不潔行為	特記事項
	1	支援が不要	身だしなみを気にしない。風呂に入りたがらない。
	2	希に支援が必要	
	3	月に1回以上の支援が必要	
	4	週に1回以上の支援が必要	
	5	ほぼ毎日（週に5日以上の）支援が必要	

4-16		異食行動	特記事項
	1	支援が不要	
	2	希に支援が必要	
	3	月に1回以上の支援が必要	
	4	週に1回以上の支援が必要	
	5	ほぼ毎日（週に5日以上の）支援が必要	

4-17		ひどい物忘れ	特記事項
	1	支援が不要	自分の行動（歯磨き、食事、入浴など）を忘れ、何度も同じ行為をする。物の置き場所を忘れる。携帯や財布などを何度も紛失する。借りた物を借りたまま忘れたり、紛失したりしてしまう。
	2	希に支援が必要	
	3	月に1回以上の支援が必要	
	4	週に1回以上の支援が必要	
	5	ほぼ毎日（週に5日以上の）支援が必要	

4-18		こだわり	特記事項
	1	支援が不要	特定の人や物、行動に執着する。いったん思い込むと修正がきかない。自分の意見が正しいと言い張り、譲らない。自分で決めた生活上のノルマにこだわる。
	2	希に支援が必要	
	3	月に1回以上の支援が必要	
	4	週に1回以上の支援が必要	
	5	ほぼ毎日（週に5日以上の）支援が必要	

4-19		多動・行動停止	特記事項
	1	支援が不要	
	2	希に支援が必要	
	3	月に1回以上の支援が必要	
	4	週に1回以上の支援が必要	
	5	ほぼ毎日（週に5日以上の）支援が必要	

4-20		不安定な行動	特記事項
	1	支援が不要	急な予定変更があると混乱する。予定変更を忘れる。臨機応変な対応ができない。できる、できないの波があり、安定しない。
	2	希に支援が必要	
	3	月に1回以上の支援が必要	
	4	週に1回以上の支援が必要	
	5	ほぼ毎日（週に5日以上の）支援が必要	

4-21		自らを傷つける行為	特記事項
	1	支援が不要	
	2	希に支援が必要	
	3	月に1回以上の支援が必要	
	4	週に1回以上の支援が必要	
	5	ほぼ毎日（週に5日以上の）支援が必要	

4-22		他人を傷つける行為	特記事項
	1	支援が不要	ルールやマナーに反する相手に注意し、聞き入れられないと暴言、暴力に及ぶ。家族などに対し、暴言、暴力に及ぶ。
	2	希に支援が必要	
	3	月に1回以上の支援が必要	
	4	週に1回以上の支援が必要	
	5	ほぼ毎日（週に5日以上の）支援が必要	

4-23		不適切な行為	特記事項
	1	支援が不要	セクハラ発言をする。異性に抱きつく。他者の前でも平気でアダルトサイトを閲覧する。人のものを持っていく。状況に関わらず、ふざける。怒ったり、気に入らないことがあったりすると、大声を出す。時間や場所を気にせず、思ったことを大きな声で話す。
	2	希に支援が必要	
	3	月に1回以上の支援が必要	
	4	週に1回以上の支援が必要	
	5	ほぼ毎日（週に5日以上の）支援が必要	

4-24		突発的な行動	特記事項
	1	支援が不要	
	2	希に支援が必要	
	3	月に1回以上の支援が必要	
	4	週に1回以上の支援が必要	
	5	ほぼ毎日（週に5日以上の）支援が必要	

4-25		過食・反すう等	特記事項
	1	支援が不要	目の前にある分だけ全部食べる。お酒の量が多く、やめられない。
	2	希に支援が必要	
	3	月に1回以上の支援が必要	
	4	週に1回以上の支援が必要	
	5	ほぼ毎日（週に5日以上の）支援が必要	

4-26		そう鬱状態	特記事項
	1	支援が不要	失敗体験などにより、うつ状態になる。
	2	希に支援が必要	
	3	月に1回以上の支援が必要	
	4	週に1回以上の支援が必要	
	5	ほぼ毎日（週に5日以上の）支援が必要	

4-27		反復的行動	特記事項
	1	支援が不要	鍵をかけたかを忘れ、何度も確認する。
	2	希に支援が必要	
	3	月に1回以上の支援が必要	
	4	週に1回以上の支援が必要	
	5	ほぼ毎日（週に5日以上の）支援が必要	

4-28		対人面の不安緊張	特記事項
	1	支援が不要	
	2	希に支援が必要	
	3	月に1回以上の支援が必要	
	4	週に1回以上の支援が必要	
	5	ほぼ毎日（週に5日以上の）支援が必要	

4-29		意欲が乏しい	特記事項
	1	支援が不要	声かけしないと動き出せない。声かけしてもできない。一人でできることでも頼る。
	2	希に支援が必要	
	3	月に1回以上の支援が必要	
	4	週に1回以上の支援が必要	
	5	ほぼ毎日（週に5日以上の）支援が必要	

4-30		話がまとまらない	特記事項
	1	支援が不要	要点を絞って話ができず、冗長になる。話がまわりくどい。一方的に話す。
	2	希に支援が必要	
	3	月に1回以上の支援が必要	
	4	週に1回以上の支援が必要	
	5	ほぼ毎日（週に5日以上の）支援が必要	

4-31		集中力が続かない	特記事項
	1	支援が不要	周囲の人やものが気になり、集中できない。
	2	希に支援が必要	
	3	月に1回以上の支援が必要	
	4	週に1回以上の支援が必要	
	5	ほぼ毎日（週に5日以上の）支援が必要	

4-32		自己の過大評価	特記事項
	1	支援が不要	
	2	希に支援が必要	
	3	月に1回以上の支援が必要	
	4	週に1回以上の支援が必要	
	5	ほぼ毎日（週に5日以上の）支援が必要	

4-33		集団への不適応	特記事項
	1	支援が不要	話が一方的。他者への関心が薄くなり、会話や関わりを楽しめず、輪に入れない。他人の言動が気になり批判ばかりする。相手への配慮ができず、トラブルになる。
	2	希に支援が必要	
	3	月に1回以上の支援が必要	
	4	週に1回以上の支援が必要	
	5	ほぼ毎日（週に5日以上の）支援が必要	

4-34		多飲水・過飲水	特記事項
	1	支援が不要	
	2	希に支援が必要	
	3	月に1回以上の支援が必要	
	4	週に1回以上の支援が必要	
	5	ほぼ毎日（週に5日以上の）支援が必要	

5. 特別な医療に関連する項目

5-1		点滴の管理	特記事項
	1	ない	
	2	ある	

5-2		中心静脈栄養	特記事項
	1	ない	
	2	ある	

5-3 透析			特記事項
	1	ない	
	2	ある	

5-4 ストーマの処置（人工肛門の処置）			特記事項
	1	ない	
	2	ある	

5-5 酸素療法			特記事項
	1	ない	
	2	ある	

5-6 レスピレーター（人工呼吸器）			特記事項
	1	ない	
	2	ある	

5-7 気管切開の処置			特記事項
	1	ない	
	2	ある	

5-8 疼痛の看護			特記事項
	1	ない	
	2	ある	

5-9 経管栄養			特記事項
	1	ない	
	2	ある	

5-10 モニター測定（血圧、心拍、酸素飽和度等）			特記事項
	1	ない	
	2	ある	

5-11 じょくそうの処置			特記事項
	1	ない	
	2	ある	

5-12 カテーテル			特記事項
	1	ない	
	2	ある	

6. その他（認定調査の際に「調査対象者に必要とされる支援の度合い」に関することで確認できた事項）

特記事項
障害がないかのようにふるまい、何でもできると言う。

巻末資料

おわりに

　高次脳機能障害の方が安定した生活を送るためには適切な生活環境が必要です。それは高次脳機能障害という問題が、個人の医学的生物学的要因（症状）によるのみならず、むしろ、個人と環境との相互作用として立ち現われてくるという構造に根差しています。したがってその支援に際しては、個人と環境とを一体のシステムととらえてアプローチする必要があります。その意味で地域における支援は、高次脳機能障害に対する支援の中核であり、生活のその場で、必要なそのときに適切な支援を継続して行っていくことが重要になってきます。

　地域支援を具現化する強力な手法の一つとして、私たちは2009（平成21）年の「生活適応援助（生活版ジョブコーチ）研究事業」から都合5年にわたり、地域生活援助に関する研究を実施してきました。前半3年間の、「生活版ジョブコーチ支援」の提案と有効性の実証研究には大きな反響があり、実際に全国数か所でこの手法に取り組んでいただいたようです。そのなかにはその有用性を実感された方も多い一方で、現行制度のもとでの具体的な実践方法について悩まれた方も少なくなかったのも事実です。その声にこたえて実施された2015（平成27）年〜2016（平成28）年の「地域生活援助者（生活版ジョブコーチ）養成研究事業」では、地域生活援助者（地域の相談支援専門員やホームヘルパー等）の養成方法についてある程度普遍性のあるパッケージ化を達成できたのではないかと考えています。上述のように高次脳機能障害の支援においては地域支援が非常に重要ですので、今回の成果をふまえ、それぞれの地域においてローカライズ、カスタマイズが施されてよりよい支援手法として開発が進んでいけば、著者一同、望外の喜びです。今後、本書がコアとなり、オープンソースとして展開普及していくことを願っています。

　本書で取り上げた事例のなかには、脳損傷後、医学的に機能改善を期待できる時期を過ぎてしまったケースも含まれています。にもかかわらず、地域生活援助者の導入によりそれまでできなかったことができるようになる、本人も支援者も「よくなった」と実感できるのです。脳の傷がもとどおりに「なおった」わけではありません。医学的生物学的な機能低下は依然残ったままであり、実際、神経心理学的評価においては必ずしも数値の改善はみられません。それでも「できる」ようになるのは、脳の可塑性、すなわち脳が新たなスキルを獲得する能力をもっているからです。たとえ脳の機能低下が残存していたとしても、適切な支援により代償手段を学習することにより、できなかったこともできるようになる、つまり能力障害の軽減が可能となり、その意味で「よくなった」のです。

　今回の事例研究において支援者から「当初、思っていた以上にできることがあった」という感想を聞きました。私自身、日々の診療のなかで患者さんたちが環境によっては意外

にさまざまなことができることを痛感しています。高次脳機能障害の方がもっているポテンシャルは、たぶん、みなさんが考えられるよりずっと高いのでしょう。「後遺症だからもうこれ以上なおらない」のではなく、地域における適切な支援により「よくなる」のです。支援の力によって「できる」ようになるのです。障害の特性上、必ずしも短期間で思うように成果が得られるとは限りませんが、彼らのポテンシャルを信じて根気よく支援を行うことで、少しずつ「よくなる」ことと思います。そのために地域生活援助者の手法が強力な武器となり、たとえささやかであっても患者さんたちのハピネスに貢献できることを期待しています。そして彼らのハピネスは支援者のハピネスとして返ってくることを、研究の主要テーマとは離れますが、指摘しておきたいと思います。

　本書をお読みになると、地域生活援助者の手法が障害者の自立という局面においても非常に有効であることがご理解いただけるかと思います。最近、それまでは家族の援助で大きな問題なく生活していた高次脳機能障害の方が、家族の入院などによる援助の中断から生活が破綻し、初めて紹介、受診されるケースが増えてきました。「家庭」という保護的環境が高次脳機能障害という問題を対社会的には、一見解消していたケースですが、今後、介護者の高齢化に伴い、このような問題が次々と顕在化することが予想されます。その際、高次脳機能障害のある方の自立にこの手法が大きな力を発揮することは想像にかたくありません。多くの家族にとって、親亡き後、支援者亡き後は最大の心配ごとであり、場合によっては喫緊の課題ですが、地域生活援助者の手法により自立を促すことで、このような不安が少しでも解消されればと思います。そして一人でも多くの方が自立した生活を謳歌できるようになれば、同時に社会保障費の負担を軽減することにもつながり、施策の面でも一つの有用な手法となるでしょう。しかし、それは単に対費用効果だけの問題、経済の問題というにとどまりません。そうではなく、地域生活援助者の手法は、生活の自立を通して誰もが自尊感情をもって生活できる社会を実現するための、ささやかではありますが一つのインフラとして機能するポテンシャルまでをも秘めているのです。

　最後になりましたが、今回の研究にご協力いただきましたすべての患者さんとご家族、ご参加いただきました支援者・研究協力者の方々に深謝いたします。彼らの善意と努力はこの社会になにがしかのハピネスをプレゼントできることと思います。ともすれば頓挫しがちなこのような出版企画を粘り強く支え、実現していただいた担当編集者の佐藤亜由子さんのご尽力にお礼を申し述べ筆を擱きます。

2016年　晩秋の名古屋にて

名古屋市総合リハビリテーションセンター
高次脳機能障害支援部長　深川　和利

執筆者一覧

監修
蒲澤秀洋（かばさわ・ひでひろ）　名古屋市総合リハビリテーションセンター附属病院長

編著
阿部順子（あべ・じゅんこ）　岐阜医療科学大学大学院保健医療学研究科教授

執筆者（執筆順）

蒲澤秀洋（かばさわ・ひでひろ）──────────────────── はじめに
　前掲

阿部順子（あべ・じゅんこ）─────────── 第1章・第1章事例1・第4章・第5章
　前掲　　　　　　　　　　　　　　　　　事例3・第6章第2節❶・別冊演習2

川嶋陽平（かわしま・ようへい）─────────────────── 第2章
　名古屋市総合リハビリテーションセンター高次脳機能障害支援課

杉山奈美枝（すぎやま・なみえ）────────────────── 第3章第1節
　名古屋市総合リハビリテーションセンター生活支援課

稲葉健太郎（いなば・けんたろう）─────────── 第3章第2節・別冊演習1
　名古屋市総合リハビリテーションセンター就労支援課長

竹味顕子（たけみ・あきこ）──────── 第5章❶〜⓫・第5章事例2・巻末資料
　瑞穂区障害者基幹相談支援センター　相談支援専門員

後藤　希（ごとう・のぞみ）──────────────────── 第5章事例4
　名古屋市総合リハビリテーションセンター高次脳機能障害支援課

長谷川真也（はせがわ・しんや）───────────────── 第5章事例5
　名古屋市総合リハビリテーションセンター高次脳機能障害支援課長

小島一郎（こじま・いちろう）───────────────── 第6章第1節❶
　名東区障害者基幹相談支援センターセンター長

三上茂男（みかみ・しげお）────────────────── 第6章第1節❷
　NPO法人MOVE　ステージ　サービス管理責任者

古川裕隆（ふるかわ・ひろたか）──────────────── 第6章第1節❸
　社会福祉法人碧南市社会福祉協議会碧南ふれあい相談支援事業所　相談支援専門員

粉川　進（こがわ・すすむ）───────────────── 第6章第2節❷
　愛知県精神医療センター院長

米田香奈（よねだ・かな）────────────────── 別冊演習2・演習3
　名古屋市総合リハビリテーションセンター高次脳機能障害支援課

深川和利（ふかがわ・かずとし）───────────────────── おわりに
　名古屋市総合リハビリテーションセンター高次脳機能障害支援部長

執筆協力

土橋　真（どばし・まこと）　　生活支援センター　フリーステーションとよた　相談支援専門員
角田高恵（つのだ・たかえ）　　一宮市障害者相談支援センター　ゆんたく　相談支援専門員

【DVDに関するお問い合わせ】

事例1に関するDVD「自立にチャレンジ 高次脳機能障害生活適応援助者（生活版ジョブコーチ）派遣試行事業」ならびに演習1～3のDVDを貸し出します。

申込み連絡先

住所　〒467-8622 愛知県名古屋市瑞穂区弥富町字密柑山1-2
　　　名古屋市総合リハビリテーションセンター　高次脳機能障害支援課
FAX　052-835-3745
URL　http://www.nagoya-rehab.or.jp/rehabilitation/dysfunction/home-care/index.html

---

チームで支える高次脳機能障害のある人の地域生活
生活版ジョブコーチ手法を活用する自立支援

2017年 1月 20日 発行

監　修　　　　　蒲澤秀洋
編　著　　　　　阿部順子
発行者　　　　　荘村明彦
発行所　　　　　中央法規出版株式会社
　　　　　　　　〒110-0016
　　　　　　　　東京都台東区台東3-29-1 中央法規ビル
　　　　　　　　営　業　　TEL 03-3834-5817　FAX 03-3837-8037
　　　　　　　　書店窓口　TEL 03-3834-5815　FAX 03-3837-8035
　　　　　　　　編　集　　TEL 058-231-8839　FAX 058-296-0031
　　　　　　　　URL　http://www.chuohoki.co.jp/

装丁・本文デザイン ── 株式会社ジャパンマテリアル／岩崎珠海
本文イラスト ──── たかはしみどり
印刷・製本 ───── 株式会社アルキャスト

ISBN978-4-8058-5453-2
定価はカバーに表示してあります。

本書のコピー、スキャン、デジタル化等の無断複製は、著作権法上での例外等を除き禁じられています。また、本書を代行業者等の第三者に依頼してコピー、スキャンやデジタル化することは、たとえ個人や家庭内での利用であっても著作権法違反です。

落丁本・乱丁本はお取替えいたします。

別冊

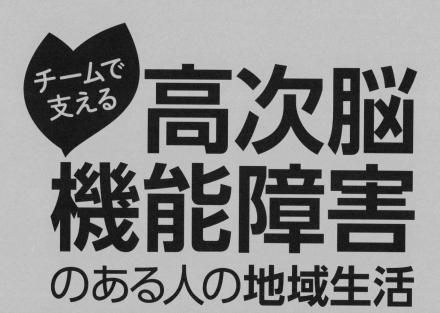

チームで支える
高次脳機能障害
のある人の地域生活
生活版ジョブコーチ手法を活用する自立支援

演習資料

演習1 高次脳機能障害の疑似体験 ——————— 1
演習2 社会的行動障害対応方法 ——————— 9
演習3 支援手順書作成 ——————— 19

＊演習資料（別冊）は、本体から外してご使用になれます。

演習 1　高次脳機能障害の疑似体験　

演習の目的

　高次脳機能障害は一見すると障害がわかりづらく、周囲の人からの理解が難しいといわれています。一方、高次脳機能障害のある人自身も自らの障害がわからないことも多く、うまく対処ができずにいる場合が多くあります。実際に高次脳機能障害のある人を支援するうえでは、まず支援者が障害特性を十分に理解することが重要です。

　演習 1 では、高次脳機能障害のある人がどのような状況になっているのかを少しでも理解してもらうため、疑似体験をしてもらいます。高次脳機能障害のある人と全く同じ体験をすることは難しいため、通常よりも負荷がかかる状態を体験してもらうことで、高次脳機能障害のある人が、「受傷後どのような状態なのか」「脳の機能がどのようにはたらいているのか（特に注意や記憶）」を理解してもらいます。

準備するもの

・「かな拾い」課題→（演習用記録シート①「B-2　かな拾い❺」）
・鉛筆
・説明用スライド（スライド 1 ～スライド 10）
・スマートフォン（携帯電話）：カウントダウンタイマーで、アラーム音が 3 種類必要です。

演習の進め方

❶演習の目的の説明　

スライド 1 を用いて、演習の目的を説明します。

> **スライド 1**
>
> 疑似体験の目的
>
> 　今から「高次脳機能障害」を理解していただくために、皆さんに少しだけ体験をしていただきます。
>
> 　高次脳機能障害を体験することは難しいので、今回はみなさんの脳に負荷をかけることによって、体験してもらいます。通常よりも負荷がかかる状態を体験してもらうことで、高次脳機能障害のある人が、
> ①「受傷後どのような状態なのか」
> ②「脳の機能がどのようにはたらいているのか（特に注意や記憶）」を理解していただこうと思います。

❷「かな拾い」課題の説明 2分

スライド2を用いて、「かな拾い」課題について説明します。

スライド2

かな拾い

今から「かな拾い」という課題を行ってもらいます。この課題は次のとおりです。

次の文のなかから、「が」「ら」「す」の3種類の文字を同時に探して、その文字を○で囲んでください。最後に、それぞれの文字が全部でいくつあったかを数えて、下にある解答欄に記入してください。

❸干渉刺激の説明 5分

スライド3を用いて、干渉刺激とアラーム音A〜Cでの行動について説明します。

スライド3

干渉刺激

そして、この「かな拾い」の課題を行っている最中に干渉刺激を与えます。

今から、3種類の音を皆さんに聞いてもらいます。各音を聞いたら、いったん作業をやめて、私がこれから説明する行動を行ってください。
行動が終わったら、再び課題を行ってください。

※私の説明は、絶対にメモをとらないでください。
　メモをとらずに記憶してください。

アラーム音A

アラーム音B

アラーム音C

【アラーム音に連動する行動】
1) アラーム音A「例：オープニング音」
　まずはアラーム音Aです。今から写真を見せます。この人は「●●△△」さんです（スライド4）。課題の作業中にオープニング音が鳴ったら、写真の名前を課題用紙に記載ください。
　注）写真は受講者が全く知らない人を使い、スライドに入れて使用してください。

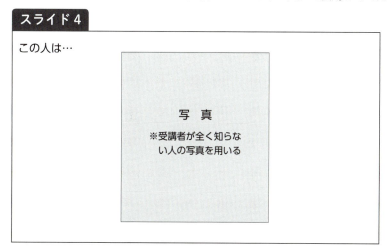

2) アラーム音B「例：アプリフト音」
　次はアラーム音Bです。この音が鳴ったら、「その場で手をあげる」をしてください。
3) アラーム音C「例：ひらめき音」
　最後にアラーム音Cです。この音が鳴ったら、「机の上に自分のハンカチを出す」をしてください。
　注）音は演習を進行する方ご自身のスマートフォン・携帯電話の音をお使いください。
　いったん音が鳴ったら、今説明した行動をしていただきますが、「再開してください」という声がかかりましたら、先ほど中断した「かな拾い」の課題の続きから再開してください。

❹疑似体験スタート　　8分
・早い人で、「かな拾い」課題の○つけが1/2程度つけ終わったら、アラーム音Bを鳴らします。
・1～2分したら、アラーム音Aを鳴らします。（スライド4）
・1～2分したら、アラーム音Cを鳴らします。
・数人が「かな拾い」課題を完成させたら、終了します。

❺**答え合わせ** ⏰2分

　スライド5・6を用いて、受講者へ問いかけながら、答え合わせをします。
　3種類の音に関連づけた行動はできましたか？　ちなみに、「かな拾い」課題の解答は、「が」14個、「ら」12個、「す」8個になります。みなさん、課題はできましたか？　なかなか難しかったのではないでしょうか。

スライド5
干渉刺激 　　1）アラーム音A 　　　　「●●△△」の名前を課題用紙に書く 　　2）アラーム音B 　　　　その場で手をあげる 　　3）アラーム音C 　　　　机の上に自分のハンカチを出す

スライド6
解答 

❻解説　🕐 5分

スライド 7-1〜7-3 を用いて、疑似体験演習の三つのポイントについて解説します。

スライド 7-1

解説

　今回、「かな拾い」課題を実施するなかで、音を聞いたら他の行動をするという、少し負荷のかかる体験をしていただきましたが、いかがでしたか？

1) かな拾いの課題を行ってみていかがでしたか？　⇒「注意の配分（同時処理）」

　　⇒今回三つの文字を覚えて、それを同時にチェックしてもらいましたが、それ自体も大変です。

　【例】「人の話を聞きながら、内容を理解し、メモを取る」や「外出の際に財布を持つ・提出物を持つ・鍵を閉める」等いくつも同時に処理することがあるとそれだけで抜けてしまうというのも一例になります。

スライド 7-2

2) 途中で邪魔されるのはいかがでしたか？　⇒「干渉刺激」

　　⇒途中で邪魔されるようで嫌になりませんでしたか？
　　　腹が立って、イライラしてきませんでしたか？
　　　アラームが鳴ることが気になって、「かな拾い」課題に集中できないということはありませんでしたか？
　　　作業に戻ったとき、どこまでやっていたかがわからなくなりませんでしたか？

スライド 7-3

3) 後で思い出すのはいかがでしたか？　⇒「記憶（記銘→保持→再生）」

　　⇒三つの音に関連した行動を覚えてもらいましたが、三つ一度に覚えること、途中に刺激が入ることで保持できなくなることなどが感じられたのではないかと思います。
　　　そもそも直後に覚えていましたか？
　　　刺激があって忘れてしまいませんでしたか？
　　　ヒントがあったら覚えられましたか？

私たちの実際の生活場面では、何かをしていて、ほかからの刺激が入って、行動を切り替えていくということは、よく遭遇することでもあります。まさに、日常生活はそうした場面の連続になっているのです。そうした視点で、高次脳機能障害のある人の行動をアセスメントしていくと、理解が深まるのではないでしょうか。
　三つのポイントについて、スライドを用いて参加者に問いかけながら解説していきます。

解説

スライド 7-1　かな拾いの課題を行ってみていかがでしたか？　⇒「注意の配分（同時処理）」
　今回三つの文字を覚えて、それを同時にチェックしてもらいましたが、それ自体も大変です。
　【例】「人の話を聞きながら、内容を理解し、メモを取る」や「外出の際に財布を持つ・提出物を持つ・鍵を閉める」等いくつも同時に処理することがあるとそれだけで、するべき行動が抜けてしまうというのも一例になります。

スライド 7-2　途中で邪魔されるのはいかがでしたか？　⇒「干渉刺激」
　途中で邪魔されるようで嫌になりませんでしたか？　腹が立って、イライラしてきませんでしたか？　アラームが鳴ることが気になって、「かな拾い」課題に集中できないということはありませんでしたか？　作業に戻ったとき、どこまでやっていたかがわからなくなりませんでしたか？

スライド 7-3　後で思い出すのはいかがでしたか？　⇒「記憶（記銘→保持→再生）」
　三つの音に関連した行動を覚えてもらいましたが、三つ一度に覚えること、途中に刺激が入ることで保持できなくなることなどが感じられたのではないかと思います。そもそも直後に覚えていましたか？　刺激があって忘れてしまいませんでしたか？　ヒントがあったら覚えられましたか？

❼解説　🕐5分

　スライド 8・9・10 を用いて、高次脳機能障害について解説をします。

スライド8

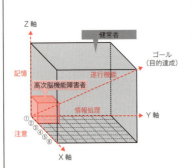

障害の理解①：脳損傷により、注意・情報処理、記憶の容量が小さくなっている

高次脳機能を図にしてみました。ざっくりと表現するのであれば、高次脳機能障害は全体の容量が小さくなっていると考えるとわかりやすいでしょう。

・注意点が多いとミスが多い
・時間が空くと忘れる
・計画を考えられない
　　　　　　　　　　等々

スライド9

障害の理解②：高次脳機能障害の特性は人によってさまざまです
　　　　　→注意障害

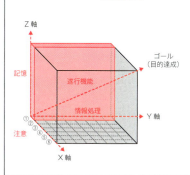

高次脳機能障害は人によって、その特性はさまざまです。そして、その対応もさまざまになります。実際の社会生活の場面で、どのようなことが起きているのかを「よく見て、よく聞いて」考えてみるとよいでしょう。
【例】注意・情報処理障害が重篤
注意点が多いとミスが多くなる
　　⇒工程を細分化する

スライド10

障害の理解③：高次脳機能障害の特性は人によってさまざまです
　　　　　→記憶障害

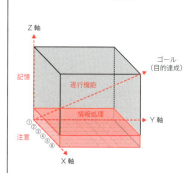

高次脳機能障害は人によって、その特性はさまざまです。そして、その対応もさまざまになります。実際の社会生活の場面で、どのようなことが起きているのかを「よくよて、よく聞いて」考えてみるといいでしょう。
【例】記憶障害が重篤
その場の処理はできるが時間が空くとできなくなる
　　⇒手順書・メモを活用する

説明する内容は、本文の第4章第2節❸の2）を参照ください。

演習記録シート①

B-2 かな拾い❺

実施日　　年　　月　　日

次の文のなかから、「が」「ら」「す」の3種類の文字を同時に探して、その文字を○で囲んでください。最後に、それぞれの文字が全部でいくつあったかを数えて、下にある解答欄に書いてください。

わたしが　まだ　ちいさかったころの　ことです。わたしが　すんでいたのは、ちいさな　がっこうの　ちかくでした。がっこうからは　まいにち　おんがくくらぶの　せいとが　らっぱやふえの　れんしゅうを　するおとが　きこえてきました。きんじょには、ふらんすせいの　しょっきばかり　あつかっているしゃれた　おみせがあって、しょーけーすのなかに　きらきらひかっているぐらすや　おさらが　ならべられていました。あるひ　がっこうの　かえりに、わたしは　ともだちと　このおみせの　まえをとおりました。すると、そのみせの　にかいのまどから、けむりが　でているのが　みえました。わたしたちは　おどろいて、がっこうにもどって、おんがくしつで　くらぶの　しどうをしていた　せんせいに、このことを　はなしました。せんせいは、あわてて　ようすを　みるために、でていきました。

　　　が＿＿個　　ら＿＿個　　す＿＿個

©名古屋市総合リハビリテーションセンター

出典：間瀬光人・阿部順子監修，名古屋市総合リハビリテーションセンター編集『認知機能回復のための訓練指導マニュアル──高次脳機能障害者を支援する』メディカ出版，2009年，CD-ROM資料．

演習 2　社会的行動障害対応方法

 90分

演習の目的

ホームヘルパー（以下、ヘルパー）が家庭に支援に入った際に対応に苦慮する代表的な困りごとが高次脳機能障害のある人による「セクハラ」や「キレる」行動です。演習 2 では、困りごとに対してどのような対応をすると関係を壊さずに問題を収めていくことができるのかを体験することを目的としています。また、今後同じような事態が起こらないようにするための対応策についても考えておきましょう。

演習の方法と手順……グループワーク形式（1 グループ　4～8 名）

❶ 場面説明とデモンストレーション視聴
【場面 1：セクハラ】の説明を聞き、スタッフ（当事者役とヘルパー役）による「うまく対応していない場合」のデモンストレーションを見ます。

❷ グループディスカッション
各自で自分だったらどのようなことばをかけたり行動をしたりするかを考えて「せりふ＆行動記入シート」に記入します。さらに【場面 2：キレる】では「対応策検討シート」にも記入します。その後グループディスカッションに移り、各自が考えたことをもとに話し合いをし、グループの意見をまとめます。

❸ ロールプレイ
グループの発表者がヘルパー役となり、グループで出た意見に基づいて当事者役のスタッフを相手にロールプレイを演じます。

❹ デモンストレーションと解説
スタッフによる「うまく対応している場合」のデモンストレーションを見て、解説を聞きます。

○演習準備　10分

演習の目的と方法を説明し、グループごとに司会者 1 名と発表者 2 名（場面 1 と場面 2）を選出します。

準備するもの：演習用記録シート②「せりふ＆行動記入シート＜場面 1 用＞」・③「せりふ＆行動記入シート〈場面 2 用〉・対応策検討シート＜場面 2 用＞」

【場面 1：セクハラ】　35分

❶場面の説明とデモンストレーション「うまく対応していない場合」　5分

40 代男性宅にヘルパーが訪問しました。初回訪問の帰り際に男性が握手を求めてきたので、ヘルパーはとまどいつつ受け入れて握手をしました。

2 回目訪問時、ヘルパーが調理の手本を示していたところ、男性はそばにぴたりと身体を寄せてくるなど、行動はさらにエスカレートしていきました。

❷「せりふ＆行動記入シート」への各自記入とグループディスカッション　15分

初回訪問時と 2 回目訪問時に分けて、ヘルパーとしてその場面で発するせりふや行動を具体的に考え

てもらいます。

❸ グループ発表者（2～3のグループ発表者）によるロールプレイ　⏱10分
❹ デモンストレーション「うまく対応している場合」と解説　⏱5分

> **解説**
>
> 　初回訪問時に求められた握手を上手に断ることで、2回目にセクハラ行動がエスカレートしないように予防します。また、初回に握手を受け入れてしまったり、2回目に行動がエスカレートした場合には、はっきりとその行動がセクハラに当たることを説明し、社会的な問題に発展していかないようにブレーキをかけます。ヘルパーのあいまいな対応が問題を大きくする可能性があることに気がつくとよいでしょう。

【場面2：キレる】　⏱45分

❶ 場面の説明とデモンストレーション「うまく対応していない場合」　5分

> 　一人暮らしの30代男性宅にヘルパーが訪問しました。本人はプリンを食べたいと思って冷蔵庫の中を探していましたが、見当たりません。昨日、ヘルパーと一緒に賞味期限が過ぎていたので処分したことをすっかり忘れていました。大好きなプリンが見当たらないことにイライラしているところにヘルパーが「こんにちは」と訪問してきました。玄関先で押し問答が始まり、男性はキレて、ヘルパーを追い返してしまいました。
>
> 　男性は記憶障害が重く、特にエピソード記憶（体験したこと）があいまいになりがちです。普段はニコニコしていてスポーツが好きな青年です。日常の生活のなかでは何かと母親を頼りにしています。思うようにならずにイライラしているときにトリガー（引き金になるような事柄）があるとキレてしまいます。キレやすい高次脳機能障害の人によくみられるように、こだわりが強く、いったん思い込むとなかなか修正することが難しいという特徴があります。

❷ 「せりふ＆行動記入シート」・「対応策検討シート」への各自記入とグループディスカッション　⏱20分

　ヘルパーとしてその場面で行うせりふや行動を具体的に考えてもらいます。また、今後同様な事態が起こらないようにするために、障害特性を見極めたうえでどう対応したらよいかを考えてもらいます。

❸ グループ発表者（2～3のグループ発表者）によるロールプレイ　⏱10分
❹ デモンストレーション「うまく対応している場合」と解説　10分

> **解説**
>
> 　興奮しているときに事実を説明して修正しようとしても、イライラした感情はエスカレートするばかりで、ついにはキレてしまいます。まずは、クールダウンすることが先決です。クールダウンするには「話題を変える」「場面を変える」などして、本人のこだわっていることから距離を取るようにします。玄関先で押し問答をしていても状況は好転しません。部屋に入ることができれば第一関門突破です。当事者の言っていることを否定したり修正しようとしたりすると関係が壊れてしまいかねないので、本人の言い分をひとまず受け入れたり、本人の好きな話題や楽しい話題に変えたりします。そうすることで、感情を切り替えやすくなり、信頼感情も生まれやすくなります。ひ

としきり興奮していた感情がクールダウンしてきたら、事実を説明し、記憶があいまいになりがちな特性があることを確認します。本人の納得を得たうえで、同じことが起こらないように、忘れることを「見える化」する対応策を提案すると受け入れやすいでしょう。また、約束した方策は支援にかかわる関係者で情報を共有しておきましょう。

スタッフが行うデモンストレーションのシナリオ例

　演習でスタッフが行うヘルパー役と当事者役が演じるデモンストレーションのシナリオの一例をお示しします。

【場面1：セクハラ】

❶初回訪問時：うまく対応していない場合

＜状況＞　初回訪問時、帰り際に当事者Ｔさんが、握手を求めてきたため、ヘルパーは戸惑いつつも握手をしました。また、ヘルパーのメールアドレスを教えてもらえると聞き、舞い上がります。Ｔさんは、ヘルパーが自分に気があると勘違いします。

> Ｔさん　：「今日は、本当にありがとうございました」
> ヘルパー：「いえいえ」
> Ｔさん　：「初めて作ったんですけど、カレイの味りん干し、本当においしかったです」
> ヘルパー：「Ｔさん、お上手でしたよ」
> Ｔさん　：「ありがとうございます。おいしかったし、ヘルパーさん、かわいいし、ダブルラッキーって感じ。また、来てください！」（異性への関心が抑えられない：欲求コントロールの低下）
> 　Ｔさんはヘルパーに両手を差し出し、握手を求めてきました。ヘルパーは戸惑いながら、握手をします。
> Ｔさん　：「ついでに、メールアドレスも教えてもらっていいですか？」
> ヘルパー：「あっ、今日携帯もってきていないので、また今度でいいですか？」
> Ｔさん　：「今度、絶対ですよ」
> ヘルパー：「では、これで失礼します」
> 　メールアドレスの件は返答せず、あいまいに終わり、ヘルパーはＴさん宅を出ます。
> Ｔさん　：「握手してくれたし、今度、メールアドレスも教えてくれるって言ってたし……。もしかしたら、ヘルパーさん、僕のこと好きなのかも」（相手も自分を好きだと思い込む：自己中心性）

❷初回訪問時：うまく対応している場合

＜状況＞　初回訪問時、帰り際にＴさんが握手を求めてきましたが、Ｔさん宅には仕事で来ていることを伝え、断ります。

> Ｔさん　：「今日は、本当にありがとうございました」
> ヘルパー：「いえいえ」
> Ｔさん　：「初めて作ったんですけど、カレイの味りん干し、本当においしかったです」

ヘルパー：「Tさん、お上手でしたよ」
Tさん　：「ありがとうございます。おいしかったし、ヘルパーさん、かわいいし、ダブルラッキーって感じ。また、来てください！」
　Tさんはヘルパーに両手を差し出してきます。
ヘルパー：「あっTさん、もしかして、留学していました？　握手なんて、外国人みたいでかっこいいですね」
Tさん　：「えっ。留学はしていないですけど。カナダとかブラジルとか行ってました」
ヘルパー：「そうなんですね。私は、ずっと日本で暮らしていて、握手は慣れていなくって。できないんです。ごめんなさい」
Tさん　：「ノープロブレムですよ。また、来てくださいね」
ヘルパー：「そうですね。私が来ることもあると思いますが、他のヘルパーがくることもありますよ」
Tさん　：「そうなんですかぁ。また来てほしいな。じゃあ、メールアドレス教えてください」
ヘルパー：「メールアドレスですか？　さっきお渡しした名刺に、事業所のメールアドレスと電話番号が書いてあるので、そちらにお願いします」
Tさん　：「電話したら、あなたが出てくれるんですか？」
ヘルパー：「私がいれば出ます。いない場合は、他のスタッフが電話に出て伝言を教えてくれるので、大丈夫ですよ」
Tさん　：「そうなんですね」
ヘルパー：「では、これで失礼します」
　ヘルパーはTさん宅を出ます。
Tさん　：「そうだよなぁ。仕事で来てるんだもんなぁ」

❸ 2回目訪問時：うまく対応していない場合

＜状況＞　2回目の訪問時、調理の手本を示していたところ、Tさんがそばにぴたっと身体を寄せて、ヘルパーの肩に手を置いてきました。ヘルパーは逃げ腰になりつつも、調理を続けています。

Tさん　：「キャベツを切って、……次どうするんでしたっけ？」
ヘルパー：「次は、3番ですね」
Tさん　：「えっと、3番、3番。鍋に入れて……中火。中火ってどれぐらいですか？」
ヘルパー：「これぐらいですかね」
　ヘルパーが火加減の調整をすると、Tさんが徐々に顔を近づけ、さらにヘルパーの肩に手を置いてきます。ヘルパーは逃げ腰になりつつも、調理を続けています。

❹ 2回目訪問時：うまく対応している場合

＜状況＞　2回目の訪問時、調理の手本を示していたところ、Tさんがそばにぴたっと寄ってきて、ヘルパーの肩に手を置きました。ヘルパーは調理を中断し、ヘルパーがTさん宅に来ている理由を、サービス等利用計画を見ながら、Tさんと一緒に確認します。また、女性に近づきすぎる、肩に手を置くなどの行為はセクハラであり、犯罪行為にもなることを伝えます。

Tさん　：「キャベツを切って……次どうするんでしたっけ？」

ヘルパー：「次は、3番ですね」
Tさん　：「えっと、3番、3番。鍋に入れて……中火。中火ってどれぐらいですか？」
ヘルパー：「これぐらいですかね」
　ヘルパーが火加減の調整をすると、Tさんが徐々に顔を近づけ、さらにヘルパーの肩に手を置いてきました。ヘルパーはいったん調理を中断し、抑えた声で話しかけます。
ヘルパー：「Tさん、一度火を止めてください」
Tさん　：「あっ、はい」
ヘルパー：「Tさん、私たちヘルパーは何のために、Tさんの家に来ているか覚えていますか？」
Tさん　：「ご飯の作り方を教えてくれるんですよね」
ヘルパー：「そうですよね。支援センターの方と、一人暮らしとお仕事の両立をするって約束をしましたよね。それを書いた紙があの青いファイルに入ってるんじゃなかったでしたっけ？」
　書いた紙に立ち戻って約束を確認してもらいます。Tさんは青いファイルを開いて見ます。
Tさん　：「あ、本当だ。僕のサインもちゃんと書いてある」
ヘルパー：「こういうセクハラがあると、我々ヘルパーは、ここに来られなくなってしまいます」
Tさん　：「それは、困ります」
ヘルパー：「そうですよね。これからはやめてくださいね。セクハラは犯罪行為になります」
Tさん　：「犯罪ですか……」
ヘルパー：「そうです。逮捕されることもありますから気をつけてください」
Tさん　：「すみませんでした」
ヘルパー：「では、続きをつくりましょうか」

○セクハラを生じさせないための対処方法

　あいまいな返答をせず、断るべきことは説明をしたうえでしっかりと断わります。また、反社会的行為については犯罪になり得ることも伝え、エスカレートしていかないようにブレーキをかけておきます。

【場面2：キレる】
<状況>　記憶障害により昨日ヘルパーとともに賞味期限切れのプリンを廃棄したことを、Tさんはすっかり忘れています。Tさんはプリンが見つからないために、イライラしています。

Tさん　：「あれ、あれ！　ない、ない！　プリンがない！　食べるの楽しみにしてたのに……どこへいった!!」
　解決方法も見い出せず、イライラが腹立たしさに変わり始めたところにヘルパーが訪問してきました。ヘルパーがチャイムを押します。
ヘルパー：「こんにちは。つきみがおか事業所のヘルパーです」
Tさん　：「何しに来たの！」
ヘルパー：「今日は、一緒にお片付けやお掃除をする約束をしていましたよね」
Tさん　：「そんなこと覚えてないよ！　掃除って、もしかして冷蔵庫を勝手に触った?! プリンどこへやった！」
ヘルパー：「プリンですか？　昨日、賞味期限が切れてるからって捨てましたよね」
Tさん　：「そんなこと知らねえよ！　勝手に捨てんなよ！　食べるの楽しみにしてたんだよ！　あのプリンは近くのコンビニでは売ってないんだよ！　どうしてくれるんだよ!!　母親にいつも

> デパ地下で買ってきてもらっているんだよ！」
> ヘルパー：「あの……」

❶うまく対応していない場合
<状況> Ｔさんはヘルパーの上記の説明に納得ができないし、ヘルパーも話題を変えることができず、徐々にＴさんの怒りが高まって、ついにキレてしまいました。

> Ｔさん：「もういいよ！　帰れよ！　バカヤロウ！」
> 　Ｔさんはドアを強く閉めてしまいます。ヘルパーはなすすべもなく帰ります。

❷うまく対応している場合
<状況> Ｔさんの思いを受け入れつつ、話題を徐々に変えていきます。他の好きな食べ物から趣味の話に移っていくなかで、次第にＴさんの感情がクールダウンし、表情も穏やかになっていきました。

> Ｔさん　：「そんなこと知らねえよ！　勝手に捨てんなよ！　食べるの楽しみにしてたんだよ！　あのプリンは近くのコンビニでは売ってないんだよ！　どうしてくれるんだよ!!　母親にいつもデパ地下で買ってきてもらっているんだよ！」
> ヘルパー：「プリン、お好きですもんね。あのお店の」
> Ｔさん　：「なに？　あのお店の、食べたことあるの？」
> ヘルパー：「おいしいですよね。ちょっと固めで」
> Ｔさん　：「そうそう」
> ヘルパー：「他にＴさんの好きな食べ物って何ですか？」
> Ｔさん　：「カレイの味りん干し。よく母親が作ってくれたんだ」
> ヘルパー：「お魚のおいしい油がジュワーって出て」
> Ｔさん　：「そうそう。カレイの味りん干しもおいしいよね」
> ヘルパー：「そういえば、お母さまから、卓球の試合に出たって聞きましたよ」
> Ｔさん　：「そうなんだよね。この間、名東区のスポーツセンターで試合があって、結構いいとこまでいったんだ。ラケットをペンからシェイクハンドに替えて、サーブの種類が増えたんだよ。やっぱりラケットの影響はあるね」
> ヘルパー：「ラケット、新しいんですか？　見てみたいです」
> Ｔさん　：「見る？　じゃあ、中、入って」
> 　Ｔさんはヘルパーを、家に招き入れます。
> Ｔさん　：「これだよ」
> ヘルパー：「わぁ。ゴムも自分で貼ったんですね。いいですね」
> 　ひとしきり、卓球やラケットの話をします。

<状況> Ｔさんの感情がクールダウンしてきて、ヘルパーへの信頼感情も出てきたところで、再度プリンの話から生活課題に話題を移していきます。その際には、本人に理解しやすいかたちで状況を説明し、理解できたところで改善方法の具体例を示します。

ヘルパー：	「そうそう。さっきのプリンの話ですけど」
Tさん：	「そう。プリン、ないんだよ」
ヘルパー：	「あのプリンって、賞味期限切れで処分したと思うんですが」
Tさん：	「そうだっけ？」
ヘルパー：	「確か、お母様が来たときに持ってきてくれたんですよね。前、いらしたのは……22日かな」
Tさん：	「うちに来たとき、カレンダーに○をつけていくんだよね。（カレンダーを見て）あ、22日だ」
ヘルパー：	「ちょうど3連休のときですね。今日が12月2日だから……」
Tさん：	「もう1週間以上経ってる！」
ヘルパー：	「プリンってそんなに日もちしますっけ？」
Tさん：	「卵と牛乳、たっぷりだからね」
ヘルパー：	「そうですね」
Tさん：	「また、忘れてこういうことありそう。どうすれば忘れないかな？」
ヘルパー：	「冷蔵庫に貼り紙か、ホワイトボードを貼ってそこに書いておきますか？」
Tさん：	「それなら、パッとわかるね！　消したりするのにホワイトボードのほうが便利かな」
ヘルパー：	「そうですね。では、来週、Tさんを交えて相談支援センターの方たちとお話をすることになっているので、この話も一緒にしておきましょう」

○今後同様の事態が起こらないようにするための対処方法

　「賞味期限が切れたものは捨てる」などのルールを取り決めて、約束したことを書いて明示しておきます。また、記録に残す「見える化」の方法としては、捨てた日の日付をカレンダーにメモしたり、冷蔵庫に貼ったホワイトボードに賞味期限を書いておいたりするなどの方法があります。その場で本人に書いてもらう、ないしは本人と確認しながらヘルパーが書きます。さらに支援センターなど、支援にかかわる機関とは情報を共有しておくことも大切です。

演習用記録シート②

せりふ&行動記入シート　＜場面1用＞

＊せりふや行動を具体的に書き込んでください。

初回訪問時

2回目訪問時

演習用記録シート③

せりふ＆行動記入シート＜場面2用＞

＊せりふや行動を具体的に書き込んでください。

対応策検討シート＜場面2用＞

＊今後、同様のことが起こらないようにするための対応策を具体的に書いてください。

①今回のトラブルの原因に関連する障害特性

②対応策

演習 3　支援手順書作成

 90分

演習の目的

　高次脳機能障害のある人は、繰り返し同じ行動をとることで、目的とした行動が定着して自立していきます。その際には、同じ支援手順や言葉かけのほうが、混乱なく、行動を獲得しやすくなります。地域では、1人の利用者に複数の支援者がかかわることも多いでしょう。そのため、支援手順書等を使って統一した指示を出していく必要があります。演習3では、障害のある人の行動を観察し、誰もが同じ支援ができるように支援手順書を作成することを学びます。さらに障害のある人が、その手順書でとまどったりすることはないかを確認しながら、支援手順書を修正してよりよいものにしていく基本的な流れを体験することを目的としています。

演習の方法と手順……グループワーク形式（1グループ　4～8名）

❶ **支援手順書作成の練習**
　スタッフが、身近な動作「ハンカチをたたむ」を見せ、その手順を支援手順書におとす練習を行います。

❷ **Iさんの支援手順書の作成**
　Iさんの事例を通して、高次脳機能障害への対応方法と支援内容を考え、支援手順書を作成します。まずは、モデルルートのDVDを見て、各自で基本となる支援手順書を作成します。

❸ **Iさんの支援手順書の修正**
　DVDを見て、②で作成した支援手順書を修正します。うまくいっていない部分の原因、どのように指示書やヒントカードを変えていくとよいか、対処方法を各自で検討します。その後、グループディスカッションに移り、各自で考えたことをもとに話し合い、グループで意見をまとめます。

❹ **IさんのDVDの視聴**
　実際にIさんの支援の様子を撮ったDVD「高次脳機能障害者の在宅ケア試行的実践報告（ガイドヘルパー編）」を視聴し、理解を深めます。

○演習準備　10分
　演習の目的と方法を説明し、グループごとに司会、記録、発表者を1名ずつ選出します。

❶支援手順書作成の練習　10分
配付するもの：演習用記録シート④「支援手順書練習用紙」
- スタッフがハンカチをたたんでポケットに入れる動作を行い、その手順を見て、支援手順書に書き込みます。
- 書いたら、1～2名に発表してもらいます。

> **解説**
>
> 　支援手順書は、例えばカップラーメンのカップに書いてある「作り方」のように、手順を一つひとつの行動単位に分け、時系列で書いたものです。ハンカチのたたみ方では、1．ハンカチを広げる→2．ハンカチを真ん中で縦に折る→3．ハンカチを真ん中で横に折る→4．ポケットにしまうなどと、具体的に簡潔に書くとわかりやすい手順となります。

❷ Iさんの支援手順書の作成　⏱15分

配付するもの：演習用記録シート⑤「支援手順書 兼 記録用紙＜Iさん作成用＞」

・Iさんの事例では、公共交通機関を利用して自宅と作業所の自立を目指しますが、ここでは、自立に時間がかかった金山駅の部分（バスを降りて地下鉄の乗るまで）の演習を行います。
・Iさんの詳細情報を提供します。

Iさんの情報

氏名：Iさん　　　年齢：20代　　　性別：男性

■障害名：頭部外傷による両上肢機能体幹機能障害（身体障害者手帳3級）

■主な生育歴：
　T市にて2人兄弟の第2子として出生。高校卒業後は就職し、6年間勤務しました。その後、専門学校（歯科技工士）に入学し、卒業後、歯科技工士として就労しますが、2004（平成16）年バイク運転中に事故を起こしました。受傷時は単身生活でしたが、退院後は母と同居し、さらに転居したため、自宅付近の土地勘がありません。

■高次脳機能障害の症状の現われ方：
記憶障害…コーヒーを買いに出て、近道をして帰ろうとしたら迷ってしまうことがたまにあります。昼食のメニューも思い出せません。
注意障害…同時に複数の作業（右手でネジを機械に押し入れながら、左手でハンドルを回す等）を行うことが苦手です。

■強み：ヒントカード（文字のみのほうが理解がよい）をもつことを嫌がらず、ヒントカードを見て行動できます。迷った場合は、その場で立ち止まり、携帯電話などでSOSを出すことができます。

■支援目標：公共交通機関を利用して、自宅とみかんやま作業所の往復が自立すること。

■自宅からみかんやま作業所までのルート：

9:00 出発　　　9:15 乗車　　　9:24　　　　　　　　　9:50 頃着

自宅 →(徒歩)→ 篠原橋東 →(バス)→ 金山 →(地下鉄)→ 総合リハセン駅 →(徒歩)→ みかんやま作業所

・DVD「モデルルート」を視聴します。

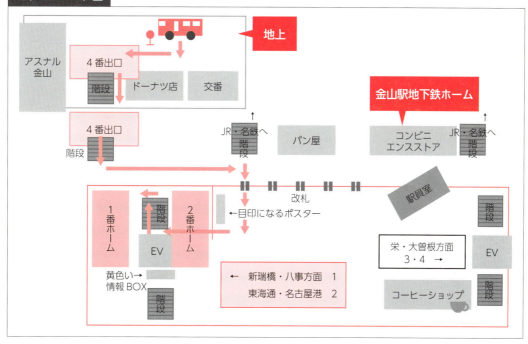

・各自でルート図、DVDをもとに、演習用記録シート⑤「支援手順書 兼 記録用紙＜Iさん作成用＞」に支援手順を書き込みます。
・1～2名に発表してもらいます。

解説

支援手順書を書く場合は、一つの文に一つの動詞にするなど、簡潔に書いていきます。
1. 4番出入り口に向かう → 2. 階段を下りる → 3. 左側にある改札を通る → 4. 右手前の階段を下りる → 5. 左の1番乗り場へ行く → 6. 地下鉄に乗るなどと書くとわかりやすい支援手順書となります。

❸ Iさんの支援手順書の修正　⏱35分

配付するもの：演習用記録シート⑥「支援手順書＜修正用＞」
・❷で作成したIさんの支援手順書を修正して、より使いやすいものにしていきます。
・DVD「間違ったルート」を視聴します。

間違ったルート図

間違った場面

①バス降場
↑ 4番出口を通り過ぎて歩いていった

②金山駅地下鉄改札中
↑ 1番ホームへ向かわず、3・4番ホームの階段を下りた

③ホーム
↑ 1番ホームへ向かわず来た電車に乗った

間違った場面は、3か所です。一つめは、バス下車後、4番出口に向かうところ、まっすぐに行ってしまいました。二つめは、改札に入った後、右手前の階段を下りて1番ホームへ向かうところ、3・4番ホームの階段に向かってしまいました。三つめは、1番ホームに向かうところ、2番ホームの電車の乗ってしまいました。

- 各自でヒントカード、ルート図、DVDをもとに、演習用記録シート⑥「支援手順書＜修正用＞」に、様子や間違った原因、対処方法を書き込みます。
- その後、グループディスカッションに移り、各自で考えたことをもとに話し合いをし、グループで一つの支援手順書修正版を作成します。
- 1～2グループに発表してもらいます。

> **ヒントカード「金山駅で地下鉄へ」**
> 1　4番出入り口へ向かう
> 2　階段を下りる
> 3　左側にある改札を通る
> 4　右側手前の階段を下りる
> 5　左の1番ホームへ行く
> 6　地下鉄に乗る

解説

　一つめの4番出入口を通り過ぎた原因として、人に流されてしまった、もしくは4番出入り口の看板を探せずに迷った、などが考えられます。対処方法としては、バスを降りたらヒントカードを見るように声かけをする、ヒントカードを「4番出口」ではなく、バスを降りてすぐ目の前にあるドーナツ店の横の出入り口に向かうように変更することが考えられます。

　二つめの、右手前の階段を下りられなかった原因として、Uターンができず迷った、人や物など情報が多すぎて混乱した、改札でパス券を使うことに意識がいかなかったなどが考えられます。対処方法としては、Uターンではなく、コーヒーショップを背に右の階段を下りると目印を盛り込む、改札を通ったらヒントカードを見るように声かけをするなどがあげられます。

　三つめの左の1番ホームへ行けなかった原因として、地下鉄が入ってきたので乗った、左右がわからない、1番ホームの看板が見つけられなかったことが原因として考えられます。対処方法としては、ヒントカードの「1番ホーム」を赤字にして目立たせる、線路内の路線図を見るなど目印を盛り込む、ヒントカードを見るように声かけするなどがあげられます。

❹ IさんのDVDの視聴　🕐 20分

配付するもの：演習用記録シート⑦「支援手順書 兼 記録用紙＜事例Iさん＞」

- ⑦「支援手順書＜事例Iさん＞」を見ながら、DVD「高次脳機能障害者の在宅ケア試行的実践報告（ガイドヘルパー編）」の視聴をします。

> **解説**
>
> 　支援手順書の最初に、持ち物の確認が支援手順として入っていますが、注意障害が重い場合、出かけることだけに注意が向き、地下鉄の駅についてから、パス券がなかった、荷物を持っていなかったと気づくこともあります。そのため、出発前の確認が必要になってきます。また、高次脳機能障害のある人のなかには、Uターンが苦手な人が多くいます。Uターンの看板を見ても「上にあがって下りる」などと勘違いすることがありますので、注意が必要です。
>
> 　現在、Iさんは、初めて行く場所でも、前頁のようなヒントカードを持ち、そのヒントカードの手順を変更しておけば、ヒントカードを見ながら1人で移動することができるようになっています。このように、繰り返し同じ行動をとることで、行動が定着し、自立を促すことができます。

演習用記録シート④

支援手順書練習用紙

活動	手順
ハンカチをたたむ	

演習用記録シート⑤

支援手順書　兼　記録用紙〈Ｉさん作成用〉

利用者名		提供日		作成者	
事業所名		時間		提供者	

活動	サービス手順	留意点	チェック	様子
家から バス停	①持ち物確認 　「ヒントカードは持ちましたか」 ②家を出る 　道に迷いかけたら「ヒントカードを見ましょう」 ③信号の確認 　危ないときは「信号は何色ですか」 ④バス停 篠原橋東に行く 　バス停を忘れたら「ヒントカードでバス停を確認しましょう」 ⑤金山行きのバスに乗る 　乗るバスを忘れたら「ヒントカードで行き先を確認しましょう」	・ヘルパーの声かけは統一する ・基本的には数歩後ろから見守る ・できなかったことは各ヘルパーで工夫するのではなく、指示書作成者に報告し、改善した方法を全員一致で実施する	① ② ③ ④ ⑤	
市バスで 金山駅へ	①金山駅で降りる 　降車ブザーを押さなかったら「ヒントカードで降りるバス停を確認しましょう」	・間違えたほうに歩きだした場合は、止めて正しい道を伝える	①	
金山駅で 地下鉄へ				
地下鉄で リハセン 駅へ	①総合リハセン駅で降りる 　降りる準備やそぶりが見られなかったら「ヒントカードで降りる駅を確認しましょう」		①	
リハセン 駅から作 業所	①１番出口から出る 　ヒントカードを読んでいたら、番号を指して「このルートではどの部分に来ていますか」 ②ヒントカードをしまう ③みかんやま作業所に入り終了	・基本的には数歩後ろから見守る	① ② ③	

◎：自立　　○：見守り　　△：声かけ　　×：困難

【連絡事項】

【問い合わせ事項】

演習 3　支援手順書作成

演習用記録シート⑥

支援手順書〈修正用〉

活動	サービス手順	様子・失敗した原因	対処方法
金山駅で地下鉄へ	①4番出入口へ向かう		
	②階段を下りる		
	③左側にある改札を通る		
	④右手前の階段を下りる		
	⑤左の1番ホームへ行く		
	⑥地下鉄に乗る		

◎:自立　○:見守り　△:声かけ　×:困難

演習用記録シート⑦

支援手順書　兼　記録用紙〈事例Iさん〉

利用者名		提供日		作成者	
事業所名		時間		提供者	

活動	サービス手順	留意点	チェック	様子
家から バス停	①持ち物確認 　「ヒントカードは持ちましたか」 ②家を出る 　道に迷いかけたら「ヒントカードを見ましょう」 ③信号の確認 　危ないときは「信号は何色ですか」 ④バス停 篠原橋東に行く 　バス停を忘れたら「ヒントカードでバス停を確認しましょう」 ⑤金山行きのバスに乗る 　乗るバスを忘れたら「ヒントカードで行き先を確認しましょう」	・ヘルパーの声かけは統一する ・基本的には数歩後ろから見守る ・できなかったことは各ヘルパーで工夫するのではなく、指示書作成者に報告し、改善した方法を全員一致で実施する	① ② ③ ④ ⑤	
市バスで 金山駅へ	①金山駅で降りる 　降車ブザーを押さなかったら「ヒントカードで降りるバス停を確認しましょう」	・間違えたほうに歩きだした場合は、止めて正しい道を伝える	①	
金山駅で 地下鉄へ	①4番出入口へ向かう 　止まったり、わからないようだったら「ヒントカードを見ましょう」 ②階段を下りる ③左側にある改札を通る ④コーヒーショップを背に右の階段を下りる ⑤左の1番乗り場へ行く 　どのホームから乗るか迷っていたら「どこに向かいますか。ヒントカードで確認しましょう」 ⑥地下鉄に乗る		① ② ③ ④ ⑤ ⑥	
地下鉄で リハセン 駅へ	①総合リハセン駅で降りる 　降りる準備やそぶりが見られなかったら「ヒントカードで降りる駅を確認しましょう」		①	
リハセン 駅から作 業所	①1番出口から出る 　ヒントカードを読んでいたら、番号を指して「このルートでは、どの部分に来ていますか」 ②ヒントカードをしまう ③みかんやま作業所に入り終了	・基本的には数歩後ろから見守る	① ② ③	

◎：自立　　○：見守り　　△：声かけ　　×：困難

【連絡事項】

【問い合わせ事項】

演習 3　支援手順書作成